歴史に「何を」学ぶのか

半藤一利 Hando Kazutoshi

JN165934

★――ちくまプリマー新書
282

構成　石田陽子

目次 * Contents

はじめに　歴史にまつわる不思議

(一) ニホンとニッポン

●「大日本は神国なり」

はじめに言っておきますが、大学教授を志すならともかく、歴史を学んだところでたいして役にはたちません。みなさんが大人になって社会人となったとき、歴史にくわしくても、それゆえに偉くなれるとか、儲《もう》かるとか、そんなことは、おそらくないと思います。しかしながら同時にこれは言っておきたい。歴史というのはとてもおもしろいものなのです。

わたくしはことし平成二十九年(二〇一七)の五月で八十七歳になりました。今日まで、歴史を長いこと勉強してきました。そのおかげで、わたくしの人生はハッピーであったなあ、と今あらためて思っております。

歴史探偵を称するわたくしですが、はじめから歴史が好きだったわけではありません。子ども時代(昭和十年代)、歴史の授業はほんとうにつまらなかった。思い浮かべてみると、先生もつまらなそうな顔をして教えていましたねえ。

なにしろ「わが大日本《おおやまと》は神国《しんこく》なり」という皇国史観《こうこくしかん》の時代でしたから、年号など暗記を中心とした日本史ばかりを徹底的に叩《たた》き込まれました。東洋史と西洋史なんかは、そのつけたりのようにして習った。東洋史というともっぱら中国史とインド史で、中近東の歴史なんかはこれっぱかりも習いません。ずいぶん偏った歴史教育でした。

この「大日本は神国なり」は南北朝の公家が書いた『神皇正統記《じんのうしょうとうき》』の出だしの文章であります。皇国史観の教科書とも言われていたのがこの『神皇正統記』でした。後年のあるとき「よし、もういっぺん神皇正統記を読んでやろう」と思ったのですが、それは記憶に残っていたのがこの出だしのみだったからです。さぞかしとんでもない内容だろうなと読み返してみると、あにはからんや、そうではなかった。

たとえば「人格も教養も、いろんな意味で天皇たるべき資格のある立派な人が天皇になるべきであって、そうでない者がなってしまったなら代えたほうがいい」、なんてことが書いてある。歴代天皇のなかで、「この天皇は悪い天皇だった」というようなことまで書いてありました。かならずしもゴリゴリの皇国史観の書ではなかった。それなのに戦争中は神国観のお手本のようにして教えられました。やはり予断なしに直に史料に当たるべしは、鉄則ですね。

それはともかく、私の時代の歴史のテストはというと、年号をはじめとして、記憶力を確かめるような問いばかりでした。歴代天皇の名前も覚えさせられまして、「神武《じんむ》、綏靖《すいぜい》、安寧《あんねい》、懿徳《いとく》、考昭《こうしょう》、考安《こうあん》、考霊《こうれい》……」と、まあ、今でも二十七代安閑《あんかん》天皇くらいまでソラで言えます。正直言って「こんなこと覚えたってしょうがねえ」、「歴史っていうのは本当にクソ面白くない学問だ」、と当時は思っていました。

けれども編集者になって、身のまわりの気になること、不思議に思えることについてコチョコチョと調べ出すと、おもしろいことにいろんな資料に出会うようになった。それらを読んでいくと、一つひとつ、ストンストンと謎が解けていきました。

「いや、なかなかどうして。歴史ってのは、おもしろいや」と思うようになり、やがて「歴史探偵」を名乗るようになっていくのですが、このいきさつについて語るのはのちほど、といたします。

●「ホン」と「ポン」

さて、みなさんも、身のまわりのものについて「あれ、どうしてこのようになっているのだろう?」と不思議に思ったりすることがあるのではないでしょうか。歴史にまつわる不思議はあらゆるところにあります。歴史探偵を自称するわたくしが調べたことのあるわかりやすい例をあげましょう。みなさんはこの国の名をどう発音していますか?「ニホン」と言っている人と、「ニッポン」という人がいますね。わたくし自身はどうかというと、ほとんどの場合ニホンと言いますが、ときどき相手の言葉につられてニッポンと言ってしまうこともある。

外国旅行をしたときに、アメリカ人から「どちらがほんとうなんだ?」と聞かれたことがありました。「国名の呼び方が二通りあるのは、おそらくあんたの国だけではないか」とも言われました。他の国でもあるなあ、とも思いましたが、よそのことはともかく、自分の国については、たしかに二つある、どっちが正式なのか。帰国して、すぐに調べてみたのです。結論から言いますと、どちらも正しいんですね。

いちばんはじめに日本という名を記した書物が『日本書紀《にほんしょき》』です。この、漢文で書かれた古代の歴史書は、西暦七二〇年に完成していますから、八世紀の初期には日本という名称がひろく使われだしたということがわかります。

紫式部の日記に、「宮廷の女官のなかに、私のことを軽蔑して日本紀の御局《おつぼね》と陰口をきくものがいる」というような文章がでてきます。「日本紀の御局」とは、日本書紀を読んでその内容をよく知る女性、という意味です。平安朝時代のインテリ女性は和の言葉、かな文字をつかっていました。漢字はつかわず、漢文も読まないというのが通り相場。それらはもっぱら〝男がすなるもの〟だったからです。しかし紫式部はちがった。源氏物語のなかに、さかんに漢学や日本書紀の挿話を盛り込んでおりました。

さて、問題の読み方です。この場合、ニッポンキとはたぶん読まない。ニホンキと読むのではないか。日という漢字は、もちろん中国から入って来た文字です。漢音ではジツ、呉音ではニチと読む。呉音は、遣唐使などが漢音の発音を持ち帰るより前に、すでに日本で定着していた読み方でした。呉音で紀はキと読みますので、もともとはニチホンキと読んでいた可能性だってある。日本書紀ができたばかりの頃は、人びとはまだ、ニチホンショキと読んでいたかもわかりません。

ところがおもしろいことに、この国の人びとは、ニチのチの音を端折るようになるのです。ほかにも例を見つけることができます。たとえば壱岐《いき》の島。これももともとはイチキと読んだはず。ところがチが端折られてイキになった。日記もニチキがニキとなり、ずっとあとでニッキと読まれるようになった。というわけで、もとはニチホンと読んでいたが、平安朝あたりからニホンになったのではないかと、わたくしはニランでいるのです。

●国号の読み方

では、ニッポンという読み方はいつからできたのか。

これについてもずいぶん調べました。その結果、わたくしは室町時代にでてきたのではないかと思い至りました。

室町時代の謡曲のなかに白楽天《はくらくてん》という謡《うたい》があります。白楽天という中国の有名な詩人が日本人の知力を試そうと、はるばる海を越えて筑紫《つくし》（現在の福岡県）の沖までやってきた。そうと察した住吉明神《すみよしみようじん》が漁翁《ぎよおう》（老人の漁師）に姿をかえ、これを海上に迎えます。そしてふたりは詩歌に関する丁々発止《ちようちようはつし》の問答をくりひろげるのですが、問答を始める前に白楽天が名乗りをあげる。いわく「唐《とう》の太子《たいし》の賓客《ひんかく》白楽天とはわがことなり。さてもこれより東に当たって国あり。名を大日本国《ダイニツポンゴク》と名づく」。

つまり室町時代にはその呼び方があったことがわかるのです。

ここから先は推理になります。どうも日本人というのは、「わが国は」と対外的に自国の主張を強くするとき、「ニホン」ではなくて、威勢《いせい》よく跳ねる調子の「ニッポン」という発音になるのではあるまいかと。

足利義満《あしかがよしみつ》の時代からこの国では対外貿易が盛んになっていました。相手はもっぱら中国ですが、室町時代に対外交渉がはじまったときに、すばらしい国だと主張するために、「ダイニッポンゴク」というふうに、まさに威勢よく名乗ったのではないか。それ以来、ニホンとニッポンが両方つかわれるようになったのではないかと思うのです。

オリンピックやサッカー・ワールドカップを思い出してください。外国勢と戦うときに、日本人は、「ニッポン、ニッポン」と叫んでいませんか。そりゃそうです。「ニホン、ニホン」ではどうにも威勢が悪い。やっぱり応援するなら「ニッポン、チャチャチャ」と威勢よく跳ねなくてはいけません。

●読みを統一しようとしたけれど

そうは言っても二通りの呼び方があるというのは、国際的に見て、やっぱりかっこいいことではありません。明治以降、近代国家となってこのかた、歴代内閣もなんとかしなくてはいけないと思うところはあったようです。しかしどうにも決めかねて、ニホンとニッポンが混在したまま、ずーっときた。

戦争中はどうでしょう。これはもう、おおいに「ニッポン」がハバを利《き》かせていました。太平洋戦争のときの首相、東條英機《とうじょうひでき》は、演説ではいつも「ダイニッポンテイコク」と満身の力を込めて発音しておりました。国威《こくい》発揚《はつよう》のデモンストレーションとしても「ダイニッポン」と威勢よくやる必要があったに違いない。そして敗戦を経て戦後になると、「ニホン」が静かにもどってくるのです。

ちょうど日本初の万国博覧会（三月〜九月）を開催している最中の、昭和四十五年（一九七〇）、の七月十四日、第三次佐藤栄作《さとうえいさく》内閣のときのことです。この内閣には大蔵大臣・福田赳夫《ふくだたけお》、外務大臣・愛知揆一《あいちきいち》、運輸大臣・橋本登美三郎《はしもととみさぶろう》、通産大臣・宮澤喜一《みやざわきいち》と、閣僚にお歴々がそろっておりました。そしてまだ五十二歳の中曾根康弘《なかそねやすひろ》が防衛庁長官だった。

世界中から訪問客がやってくるわけですから、国号のことが気になったのでしょう。閣議がはじまると、ニホンかニッポンかという話題が持ち出されます。それが喧々囂々《けんけんごうごう》の議論となるのですが、ほかの閣僚らの顰蹙《ひんしゅく》を買いながらも、中曾根は「断固、ニッポンだ」と唱えて譲らなかった、といった話があったように記憶しています。議論の末、最後は佐藤首相がニッポンに軍配を上げた。七月十四日の朝日新聞夕刊には、「自分は意識的にニッポンを使っている。それが公式の定着した表現ではないか」との、首相のコメントが載っています。

このとき「国号の呼称をニッポンとする」と閣議決定をしたのでした。

閣議で決めたのなら、それできれいに統一したらいいじゃないか、と簡単に思われるかもしれませんが、いえいえ、そうは問屋が卸さない。水戸光圀《みとみつくに》の大日本史、日本大学、日本生命。日本盛なんていう酒もありますな。みなニホンです。創業いらいの社名、校名、商品名を変えるというのはたいへんなことでして、だいいちお金がかかる。

余計なことをするなと猛反対が巻き起こってしまいます。けっきょくこのときの閣議決定以後、話題にならなかった。ために、現在もわたくしたちはニホンとニッポンの両方をつかっているというわけなのです。ですから世界の人からも、相変わらず問われ続けることになる。しかし問われても、知っていればこの興味深い経緯を答えることはできる。「もともと日本はニホンであった。ところが……」とね。

あ、そうそう。ついでながら後日談を。平成二十一年（二〇〇九）に岩國哲人衆議院議員の「日本国号に関する質問主意書」に、当時の麻生太郎首相の名前で、内閣が正式に書面で答えています。そもそも閣議決定なんかしていません、どちらか一方に統一する必要はないと考えている、と。佐藤内閣で閣議決定したという過去の報道は、筆がすべったというのがホントのところのようです。

(二) 狛犬さんと仁王さま

●あ、うん

もうひとつ。今度はみなさんがよく目にするものについて話をします。神社にはたいがい狛犬《こまいぬ》がいますね。立派な寺院ですと仁王《におう》門が建っています。ご存じのように、狛犬さんも仁王さんも左右で対になっている。いっぽうは「あ」と口を開けて、もういっぽうは「うん」と口を結んでいます。

「あ、うんの呼吸」という言葉がありますが、「あ、うん」は本来仏教用語です。「あ」はこの世の始まり、「うん」はこの世の終わりを意味しています。つまり過去、現在、未来を複合した世界。森羅万象《しんらばんしょう》、世の中ぜんぶと言い換えてもいい。「あ、うん」はそれをあらわす言葉であり表象なのです。つまり狛犬にしても仁王像にしても、それらが居る場所に一歩足を踏み入れると、その先に展開するのは特別な世界、というわけです。

さて、ここからが本題です。狛犬も仁王様もそのほとんどが、本堂から見て左側が「あ」、右側が「うん」です。つまり本堂から見て左側が始まりで上位ということになる。なぜそうなるのかと言うと、たいていの寺院は、南北を軸にして建物が配置されています。本堂は原則として北側に置かれますので、本堂を背にすると左側が東で太陽が上る側となり、右側が西で太陽が沈む方位となる。太陽が上って沈む、つまり「あ」で始まって「うん」で終わるという構図になっているのです。

この方位と序列を関係づける考え方は、古代の都のつくり方にはっきりあらわれています。

紫宸殿《ししんでん》

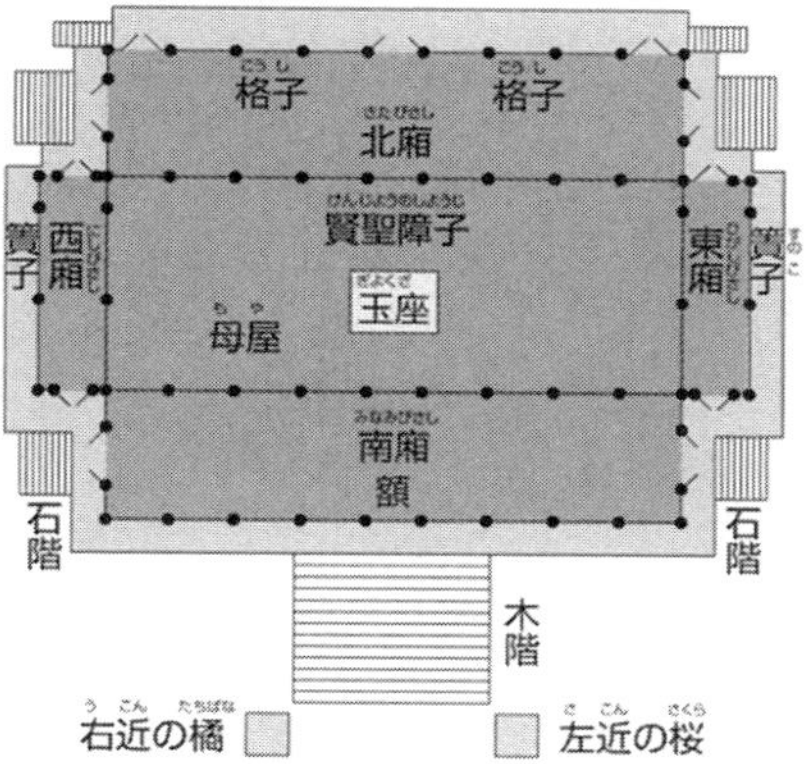

奈良の平城京《へいじょうきょう》でも、平安京でも宮殿をつくる際、「天子《てんし》は南面《なんめん》す」の原則にしたがって北側に紫宸《ししん》殿《でん》が置かれます。ミカドは南側を向いているわけですね。したがってミカドから見て左側が東になります。こちら側が上位で、右側、つまり西側が下位とされます。位階でいうと、左大臣が上で右大臣がその次の官位です。これは中国を模したもので、日本の専売特許ではありません。

平安京《へいあんきょう》の都は北から見て左側つまり東を左京《さきょう》と呼び、右側を右京《うきょう》と呼びました。さらに中国の、西の都の長安《ちょうあん》と東の都の洛陽《らくよう》を気取って、右京を長安に、左京を洛陽となぞらえていました。この洛陽の洛をとって、京にいくことを上洛《じょうらく》などと言うのはその名残《なごり》です。

視点を移して今度は、大相撲《おおずもう》の両国国技館《りょうごくこくぎかん》を思い出してください。土俵《どひょう》を囲む四辺のうちふたつを「正面《しょうめん》」、「向こう正面《じょうめん》」（昔は裏正面といいました）といいます。この正面とは何のことかご存じでしょうか。じつは天皇が観覧するときの席が正面です。陛下から見て左側が東、右側が西となっています。紫宸殿のつくりと同じ方位をとっている。

調べてみたのですが、韓国もそうでした。韓国の宮殿で公式行事を執りおこなう仁政殿には品階石という、高官の立ち位置を示す石の指標が並んでいます。王様に近い方から正一品、従一品と縦に続いているのですが、王様から見て左側が東で、こちらが上位。東に並ぶのが東班という文官、右側は西班で武官です。韓国の貴族のことを両班《ヤンバン》といいますね。これは東班と西班の両方の貴族という意味です。

ところで浅草の観音様の仁王門、いま宝蔵門《ほうぞうもん》といいますが、ここの仁王さんはどういうわけか、本堂から見て左側（東側）が阿形《あぎょう》ではなくて吽形《うんぎょう》になっています。東大寺《とうだいじ》南大門《なんだいもん》の仁王さんも同様に東側が吽形。長野の善光寺《ぜんこうじ》もそうだといいますから、代表的な仁王像が左右逆というのは、どういうわけでしょう。

いちばん古い法隆寺《ほうりゅうじ》には日本最古の金剛力士像《こんごうりきしぞう》がありますが、これは本堂から見て左側が「あ」、右側が「うん」です。

鎌倉時代から武家が権力をにぎるようになる。時を経て武家による体制が安定しはじめる江戸の初期からは本格的に、この国は中国伝来から離れて独自性を発揮するようになったのではないかとわたくしは思います。中国流にとらわれなくてもいい、わが国独自の新しいことをはじめよう、と。

しかし残念ながら確証がありません。これは歴史探偵の推理です。こういった問題はまだまだたくさんある。ぜひ若い方々に調べてもらって、新事実を見つけ出していただきたい。日本というのはどういう国であるのかを示す謎が、歴史のなかにはまだまだ埋もれていますよ。それを調べることで、日本という国の姿が見えてくる。だから歴史は面白いのです。調べれば調べるほど奥は深いのです。

第一話

天皇退位問題について

光格天皇（1771〜1840）
（東京大学史料編纂所所蔵模写）

（一）皇太子殿下の戦争体験

いま、わたくしたち日本人に問われている国家の根源にかかわる大きな問題があります。このことについて、歴史探偵を自称するお前はどう考えているか、と問われることが多くなりました。そのことについて、まず日本の近現代史を背景においてみてどう考えたらいいか、少しお話ししてみたいと思います。

●天皇陛下の意思表明

昨年、平成二十八年（二〇一六）八月八日。天皇陛下《へいか》が生前退位の意思表明をされました。ご自身によるビデオメッセージのテレビ放送でした。この方法について宮内庁は、「陛下のお気持ちを国民にわかりやすく正確に伝えるため」と説明していましたが、陛下はこのとき単に意思を伝えるというだけではなく、憲法によって定められている国家の主権者である国民にたいして「どうか、みなさんもいっしょに考えてほしい」という強いメッセージを送りたかったのではないでしょうか。

皇室に関する法律である「皇室典範《こうしつてんぱん》」には、天皇は亡くなるまで天皇の位にある終身制が定められていますから、生前退位を実現するためには新たな法整備が必要となる。つまり憲法にもかかわってくる大ごとなのです。平成二十五年（二〇一三）十二月のお誕生日の会見で陛下は、現行憲法に関連して、こう言っておられた。

「日本国憲法には『天皇は、この憲法の定める国事《こくじ》に関する行為のみを行ひ、国政に関する権能《けんのう》を有しない。』と規定されています。この条項を遵守《じゅんしゅ》することを念頭において、私は天皇としての活動を律しています」

まさに陛下は現行憲法とともに歩んで来た。そして憲法第一条にあるとおり、ご自身の存在が「国民統合の象徴《しょうちょう》である」ことを強く意識してこられたのだと思います。

ところがその現行憲法を丁寧《ていねい》に読んでみると、こと天皇に関しては、旧憲法の中から時代に合わない「元首《げんしゅ》」や「大元帥《だいげんすい》」を差し引いただけで、あとは曖昧《あいまい》のままにされている。いくら全文を読み返しても、民主主義日本の天皇像、つまり象徴天皇像というものが明確には見えてこないのです。キーワードとなった「象徴」という言葉は、多様な解釈を許す、じつに抽象度《ちゆうしようど》の高い言葉であります。国民の一人ひとりが自分流にどうにでも解釈することができる。

●光格天皇のこと

ところで、歌会始《うたかいはじめ》はみなさんご存じですね。宮中の年中行事のひとつで、天皇が年の初めに催《もよお》す歌会です。その起源は必ずしも明らかではないようですが、どうやら鎌倉時代の中期までは遡れるらしい。江戸時代もほとんど毎年催されていて、徳川《とくがわ》幕府が滅んで明治の世となってからは、明治二年（一八六九）一月に初の歌会が開かれました。

天皇をはじめ、皇室の方々は毎年の歌会始で自分がつくった歌をきちんと書いて署名をすることになっていて、宮内庁書陵部には歴代天皇の自筆の歌が大切に保管されているそうです。じつはわたくし、数年前に、天皇が自らのぞんで光格《こうかく》天皇（一七七一～一八四〇）の歌会の書をご覧になったという話を耳にしました。どんな機会に、だれによって教えられたか、耄碌《もうろく》して忘れてしまいましたが、陛下がなぜか光格天皇のことをとくに研究されていると知ったのです。光格天皇は、明治天皇の父である孝明《こうめい》天皇のおじいさんですから、陛下から数えて六代前の天皇です。

わたくしは光格天皇のこの件が、ずっと心に引っかかっていたのでした。

今年、平成二十九年（二〇一七）一月二十四日。この光格天皇がにわかにクローズアップされました。

産経新聞が「陛下　光格天皇の事例ご研究」という記事を報じたのです。関係者からの取材によるとして、約六年半前（平成二十三年の中ごろ）に、はじめて譲位《じょうい》の意向を宮中の関係者に示すとともに、光格天皇の譲位の事例を調べるよう宮内庁の担当に伝えたという。なるほどそういうことで、だれだったか忘れた人から教えられたのだ、とようやく合点がいきました。陛下は譲位の事例のみならず、その歌と筆跡に直接ふれて、その人柄を深く知ろうとしていたのでした。

天皇の終身制は、ごく最近とも言うべき明治以降のことです。光格天皇は在位三十八年目に当たる年に、皇太子の仁孝《にんこう》天皇に譲位し、太上《だいじょう》天皇となっています。つまり歴史上、生前退位をした最後の天皇でした。院政《いんせい》の権力を振るうことなく、権威《けんい》の並立とか、二元化の弊害などないスムースな移行であったといわれています。今上《きんじょう》天皇は、その事例を踏まえて、ご自身の生前退位を考えておられたことがこの報道によって明らかになった。

では光格天皇は、いったいどういう天皇であったのか。わたくしなりに調べてみると、興味深い人物像が浮かび上がってくるのです。

●あるべき天皇像を追い求めて

閑院宮典仁親王《かんいんのみやすけひとしんのう》の第六皇子として生まれた光格天皇は、後桃園《ごももぞの》天皇が二十一歳で急に亡くなったため（一七七九年）に急遽《きゅうきょ》、皇嗣《こうし》とされて天皇位に就いています。皇嗣とは天皇の後継ぎのことです。このとき八歳。後桃園天皇には皇太子がいませんでした。

おもしろいことに閑院宮家は、新井白石《あらいはくせき》が、皇位継承の安定のために設けさせた新しい宮家《みやけ》でした。というのも将軍家が五代目、六代目に養子をたてることとなり、天皇家も同様な後継への不安があったことから、白石が先手を打って、いざという時にも対処できるよう、新宮家をたてるように取り計らったのでした。光格天皇は、閑院宮といういわば傍系《ぼうけい》で新しい宮家の出自ですから、どうやら当初は、まだ子供であったせいもあったし、宮廷や将軍家から軽く扱われがちであったようです。

幕府からの意向を受けて、朝廷を管理していた摂政《せっしょう》の九条尚実《くじょうなおざね》が高齢のため早々に引退したので、光格天皇は十八歳くらいから朝廷の仕事に直接に取り組んでいます。若いときから実務で鍛えられていたのでしょうね。

光格天皇、天明《てんめい》の大飢饉《だいききん》のときには、わざわざ民を救済するように幕府に申し入れをしたり、学習院のもとになる教育機関の創設にも尽力したりしている。「どこか理念的な天皇像を追い求めるところのある人だった」と評価するのは、光格天皇研究の泰斗、東大の藤田覚名誉教授です。たしかに天皇のあるべき姿に高い理想を抱きそれを追い求めた人物でした。

朝廷の権威の復権にも熱心で、途絶えていた宮中祭祀《きゅうちゅうさいし》を数百年ぶりにはじめたり、それまで「院」とよばれていたのを「天皇」とよぶようにした、つまり久しく絶えていた天皇号を復活させて、幕府に認めさせてもいます。また幕府に対して、政治向きのことを京都にいちいち報告するように、連絡を密にするようにと求めています。つまり国家の政治を司る幕府に、統治の権威としての朝廷の位置づけを再確認させるよう働きかけた天皇でした。こうしたいちいちうるさく口をだしてくる天皇の登場は、幕府にしてみれば必ずしも喜ばしいことではなかった。

在位中に、京の町中で発生した大火で御所が全焼したことがありました。御所の造営については幕府が財政をまかなう決まりになっており、ときの老中の松平定信が陣頭指揮をとった。倹約予算で計画を示した幕府にたいして、朝廷側が大反対。光格天皇サイドは、格式を重んじた立派な内裏をしつらえて、荘厳な御所とする具体的な再建案を示し、強く幕府に要求したのです。最終的にその方針を幕府にのませることに成功するのですが、これが対立の芽を生じさせてしまう。

幕府の政策をかならず報告させようとする朝廷の強い要望は、そのたびに衝突を起こしましたが、光格天皇は引きませんでした。新しい天皇の在《あ》り方をこうしてきっちりと確立していったのです。

この朝廷と幕府の対立の図式は、やがて幕府に楯突《たてつ》きたい諸藩に利用され、格好のスローガンを生み出した。「尊王《そんのう》思想」です。これに幕府が異論を唱えることがだんだん難しい状況となっていき、それが当然のこととなります。そうして、光格天皇から二代後の孝明《こうめい》天皇のときに一気に幕末の動乱を迎えるわけです。

朝廷との綱引きのあげく、とうとう江戸幕府は朝廷の許可を得ぬまま開国をしてしまいます。ご存じのとおり、これをきっかけに激しい尊王攘夷《じょうい》運動が巻き起こる。そういう意味では、もしも光格天皇がいなかったら尊王思想が盛り上がることもなく、「尊王攘夷」から「尊王討幕」へと、幕末の動乱もあのようなかたちにはなっていなかったかもしれません。

調べてみて、なるほど光格天皇は、新しい天皇像を確立し、朝廷が近代天皇制へ移行する素地をつくった天皇だったのだなあ、とわかりました。

●わたくしの推理

今上天皇の、生前退位のご意向表明に話はもどります。

以下は、わたくしの推理です。

光格天皇が近代日本における天皇像の祖型《そけい》をつくったとすれば、今上天皇は自分は平和国家日本における「象徴」としての天皇の在り方を、即位して以来ずっと模索してきた。ただ存在するだけではなく、「日本国民統合の象徴」としてどのように行動し、どう振る舞うのか、そして何を語るべきか。憲法や皇室典範から逸脱しない範囲の中で、ご自分で考えぬいて、一つひとつ積み上げてきた。そして国民に敬《うやま》われ親しまれる象徴天皇像をつくりあげてきた。そして、このかたちを残したい。それを皇太子と皇太子妃《ひ》にしっかり受け継いでもらいたい。それが生前退位の意思を示された本意、本質なのではないか。

二十九年におよぶ平成の御世を振り返ってみると、天皇が日本国憲法に沿いながらも、時代にふさわしい新しい天皇像をつくろうとする努力の跡がつぶさに見てとれます。国務をきちんと行いながら、そのいっぽうで被災地の慰問や太平洋戦争激戦地への慰霊の旅といった新しい公務は、昭和天皇の時代よりも広く、かつ数多く行われて来ました。とりわけ太平洋戦争の激戦地への訪問は、陛下ご自身による強いご希望で行われているように思います。

平成二十八年（二〇一六）一月のフィリピンご訪問に関して、河相周夫《かわいちかお》侍従長が『文藝春秋』に寄稿した随行記（二〇一六年五月号）には、かなり明確に、そのことをうかがわせるくだりがありました。それによると、前年の六月頃に「フィリピン訪問を検討して欲しい」とのご指示があり検討を始めたが、なかなか時期が決まらなかったそうです。すると陛下から、「フィリピン訪問の件はどうなっているかと御下問があり、現状を報告した。これを聞かれた両陛下は、それであれば一月下旬に訪問しようと直ちに決断された」というのです。けっして頼まれてやっているわけではないということを、明確に伝えるエピソードでした。

サイパン島で皇后陛下ともども、在留邦人《ざいりゅうほうじん》が多く身を投げた断崖《だんがい》に向かって祈るかのように礼をする姿、ペリリュー島で海の向こうの島々に向かって深々と頭を下げておられる姿は、目に焼きついています。あれこそご自身の中でお考えになった「新しい天皇像」であり、「象徴とは何か」という問いへの答えのようにわたくしには思えるのです。

今上天皇は、象徴とは何かということを本気になって考えただけでなく、自分が生きているあいだは断固として平和を守り通すのだという、強い意志をもってここまで来られたように思います。なぜそう思うか。その理由をお話しします。

●明仁天皇の戦争体験

戦争に負けた年の九月四日。昭和天皇が国民に向けて所感《しょかん》を発表しました。これを勅語《ちょくご》といいます。当時わたくしは中学の四年生になっていたのですが、おやじからこれをよく読んでおけと言われましてね。読みました。まだ子どもですけど、それでもこれに感心したのです。

長いのですが、一部、いいところを紹介します。

「朕《ちん》は終戦に伴う幾多の艱苦《かんく》を克服し、国体の精華を発揮して、信義を世界に布《し》き、平和国家を確立して、人類の文化に寄与せんことをこいねがい、日夜軫念措《しんねんお》かず、この大業を成就せんと欲せば」

要するに、戦争によってもたらされた多くの苦しみを克服し、この国が平和国家となるように、そして文化に貢献するために自分はがんばります、という意思表明です。十五歳のわたくしは、これからの天皇はほんとうにそうあって欲しいものだと、思いました。

皇太子だった十一歳の明仁《あきひと》天皇は、終戦のときには疎開先の日光にいました。しかし皇太子は戦争が終わっても、しばらく東京に帰って来ることができなかった。なぜならその身の上が危なかったからです。

敗戦が決まってもなお、徹底抗戦派の軍人たちのなかには、昭和天皇を排除してかわりに皇太子を担ぎ、戦争をつづけようとした者たちがいました。事の詳細はわかりません。しかし終戦後も宇都宮連隊がしばらく日光を守っていたのは、そういう空気が確かにあったからなのです。

たとえば、その一つとして敗戦の前年、昭和十九年末に九州で編成された第三四三海軍航空隊にまつわるエピソードを紹介しておきます。

この隊は、本土防衛の航空隊として最後まで活躍した戦闘機部隊でした。ひきいたのが源《げん》田実《だみのる》元大佐。海軍の航空畑の要職を歴任した有名な戦闘機乗りです。真珠湾《しんじゅわん》奇襲攻撃の原案作成に参画《さんかく》したことでも知られています。

源田は玉音放送の二日後に、軍令部のさる幹部から極秘裏《ごくひり》にある作戦を命じられるのです。

それはもし敗戦によって天皇制に危機が迫るような事態が生じたなら、皇族を拉致してでもその方を大元帥陛下として戦《いくさ》を続行せよ、という命令でした。源田が航空隊の志願者に血判《けっぱん》を押させたかどうかは知りませんが、戦闘機乗りの猛者《もさ》たちはみなその作戦に生涯をかけると盟約を結んだといいます。作戦を終結して解散したのは、なんと昭和五十六年（一九八一）のこと。この盟約は戦後三十六年ものあいだ生きていたのです。

当時編集者だったわたくしは、その解散式が執《と》り行われることを、当時参議院議員になっていた源田本人から聞きまして、「わたくしも列席させてくれませんか」と頼んだのですが、「ダメダメ、部外者はダメ」と拒否されてしまいました。まあ、こんな連中はほかにも沢山《たくさん》いたに違いない。

継宮《つぐのみや》明仁皇太子が東京に帰って来ることができたのは、昭和二十年（一九四五）十一月になって世情が落ち着きをみせたころでした。原宿駅に降り立ったときに目にしたのは一面の焼野原《やけのはら》でしたから、たいへんなショックを受けられたことと思います。戦争をしてはならない、平和国家をつくらなくてはならない、という強い思いはあのとき沸《わ》き起こったのであろうと思います。

そして九月四日の昭和天皇の勅語には、皇太子も感銘を受けて、これを拳拳服膺《けんけんふくよう》したのではないでしょうか。たぶんそうに違いありません。なぜなら翌年、昭和二十一年の書き初めで、皇太子が書いた言葉は「平和国家建設」。そう、九月四日の勅語にあった言葉でした。

終戦から五十年目にあたる平成七年（一九九五）の八月三日、天皇は墨田区の東京都慰霊堂《どう》におもむいて、昭和二十年三月十日の、東京大空襲の犠牲者に献花されました。その折に述べられた言葉を紹介します。

「燃え盛る火に追われ、命を失った幾多の人びとのことをわたくしどもは決して忘れることなく、多くの人びとの犠牲のうえに築かれた今日の平和を思い、平和を希求し続けていかなくてはなりません」

ここにもわたくしは、憲法の第一条に定める「国民統合の象徴」としての在り方と、第九条の「戦争放棄」とをつなげる強い意志を感じます。そのお姿を見て、深い感銘を受けました。なぜならわたくし自身がこの東京大空襲の真下を逃げまどい、あやうく命を失いかけていたからです。その体験と開戦から終戦までのことを、『15歳の東京大空襲』（ちくまプリマー新書）にくわしく書きましたので、興味のある方にはぜひお読みいただきたい。ここではその日のことだけをお話しします。生死の境を綱渡りしたあの夜の出来事です。

（二）わたくしの戦争体験

●三月十日夜の大空襲

強い北風が吹く寒い夜でした。昭和二十年（一九四五）三月九日。午後十時半ごろ、警戒《けいかい》警報《けいほう》が鳴りました。警戒警報にはもう慣れっこになっていて、わたくしはのんきに寝ていたのです。母と弟、妹たちは茨城に疎開《そかい》していましたから、東京・向島《むこうじま》のわが家にいたのは父とわたくしだけでした。なぜわたくしは疎開しなかったかというと、十五歳は「戦士」であったからです。そして学徒勤労動員令《がくときんろうどういんれい》にしたがって中学生のわたくしはゼロ戦の機関銃の弾丸の製造工場に通っていたからです。政府は国家総動員法《こっかそうどういんほう》で国民生活全般を統制できたので、中学校でも学業をやめて、生徒を工場などで働かせていた。つまり数えで十五歳以上は戦闘員でした。あの晩も、「明日も朝八時から工場だなあ、早く眠らないと」などと考えながら布団にもぐりこんだ。

また警報が鳴り響いたのは午前零時をまわった頃でした。今度は警戒警報ではなく空襲警報です。サイレンの鳴り方がちがうので区別ができる。おやじに「坊、起きろ！」と言われて跳ね起きた。いつものように学生服のまま寝ていましたので、その上に綿入《わたい》れを羽織《はお》りました。頭には戦闘帽、その上に鉄兜《てつかぶと》をかぶる。さらにその上に防空頭巾《ぼうくうずきん》。そしてゴム長靴をはいて外に飛び出したのです。

出て驚きました。わが家から見て南の方向、深川《ふかがわ》方面の空はもう真っ赤に燃え上がっている。西の浅草《あさくさ》、神田《かんだ》方面にも低空からの爆撃がはじまって、爆撃機のB29がバラバラバラと、焼夷弾《しょういだん》を落としていく。あれよあれよというまにまわりが火の海になっていく。それとともに黒煙が、うずを巻いてこちらに押し寄せてきました。

ずいぶん後のことですが、B29の搭乗員《とうじょういん》が書いたものを読むと、この日の東京上空はあまりの明るさで、コックピットで腕時計の文字盤が楽々と読めたとあった。ほんとうにそれくらいの火の海でした。しばらくするとわが頭上にもB29が一機飛来してきて、焼夷弾がザーッと降ってきました。その様子は土砂降りの大雨なんてものじゃありません。そもそも焼夷弾というのは、大きな籠《かご》状の爆弾のなかに三十八発、弾が入っていて、空中で破裂してなかの弾をバラバラと降らせる仕組みになっている。それが地上に落ちて、それぞれ火のついた油脂《ゆし》をまき散らします。

わが家にも焼夷弾が一発落ち、燃え始めたのですが、これはなんとか大勢の仲間とバケツの水で消し止めた。ホッとしたのもつかのま、近所の家が燃え出した。火の柱が吹き出している家があっちにもこっちにも、という具合です。

「これは駄目だ。いかん。いいか、手ぶらで風上に逃げるんだぞ」とおやじに言われ、わたくしは近所の仲間四人で南に向かって走りました。風上の北のほうはもう真っ黒な煙のうず。それでやむなくまだ火の手の及んでいない南となったのですが、炎と煙がそのあとを追ってくる羽目となりました。火に追われて逃げている最中に、飛んで来た火の粉が着ていた綿入れに燃え移ってしまった。うしろを走っていたおじさんに、「おい、背中に火がついているぞ」と声をかけられて気がついた。これはたいへんだ、と防空頭巾も鉄兜も脱いで持っていたカバンも放り投げ、綿入れを脱ぎ捨てました。このとき身軽になったことが、あとあと吉と出るのですがね。

●中川のたもとから

そのあと満員電車のような人波にもまれながら逃げるうちに、仲間とも離ればなれになってしまいました。ひとりで東方向に逃げに逃げ、ようやく中川の川っぷちまでたどりついた。橋のたもとが小さい広場になっていたものですから、避難して来た人がどんどんそこに集まってきました。

一時間くらいその広場で大勢の人々ともう大丈夫かとのんびりしていました。B29はすべて去っていっています。が、そんなにうまい具合にコトは納まりませんでした。その広場に突如背後から猛火が襲って来たのです。それと黒煙と。北からも西からも。火の固まりというか、火の大波というか、ともかく見たこともないようなもの凄い火と黒煙です。それがいっぺんにガバーッと。あたりはもう阿鼻叫喚《あびきようかん》でした。火だるまになって川へ飛びこむ人もいます。

わたくしは広場を離れて中川にかかる平井《ひらい》橋に向かって逃げたのですが、向こう岸を覆う炎と黒煙を見て、途中で立ち往生してしまった。するとそのとき、向こう岸から救いに来ていた小舟が橋の下を通ったのです。わたくしは思わず、「乗っていいですか」と叫びました。

「さあ、乗れ乗れ」という声に、橋桁をつたってポンと船の上に飛び降りた。

やれやれと思っていたら、船の人たちは川で溺れかけている人たちを懸命に助け上げようとしているのです。それを見て、わたくしも見よう見まねで手伝った。たしか二人ほどひっぱり上げたと思います。そして三人目の人を救おうとしたとき、つい船から身を乗り出し過ぎてしまった。

中年の女性でした。溺れそうになってパニックになっていたのでしょう。わたくしの手につかまるのではなく、肩のあたりにしがみついてきた。つぎの瞬間、わたくしはもんどり打って川のなかに引き込まれてしまいました。

水中ではたくさんの人がゴボゴボともがいている。それだけでなく船の上からは想像もできないような暗闘がくりひろげられていました。溺れかけている人は助かろうとして、手に触れるものを、なんでもいいから必死でつかもうとするのです。みなおなじ状態ですから、まるでつかみ合いです。ドボンと落ちてきたわたくしのからだに何本もの腕がつかみかかってくる。このときの恐怖といったらありませんでした。わたくしは水を二回飲んだことをはっきり覚えています。どうやら三回、四回飲むといけないようです。意識を失って溺れ死ぬことになるらしい。

水のなかが漆黒の闇だったこともわたくしの恐怖に輪をかけました。どちらが水面なのか、まるで見当がつかないのです。こっちが水面かなと泳いでも、ちっとも水面にたどりつけずに、またほかの人につかまれて水中に引き込まれてしまう。もうダメか、と思ったそのときです。履いていたゴム長のなかに水が入っていっぱいになり、両足からストンと脱げた。脱げた長靴が、ユラユラと落ちていく。

「あっちが川底なら、水面はこっちだ」

長靴と逆方向にむかって、必死に水を掻《か》いて上がりました。それで助かりました。暗い水中を、ふたつの長靴がストップモーションのように足から離れていく光景は、今でもハッキリ目に浮かびます。

なんとか水面に顔を出すと、運よくそこに船がいました。最初に乗せてもらった船とは別の船でした。船上のおじさんがわたくしの襟首《えりくび》をつかんで、ヨイショとひっぱり上げてくれたのです。幸運としか言いようがありません。助かったと思いました。びしょ濡《ぬ》れですから寒くてガタガタ震えていましたが、生きていることが無性にうれしかった。

そうそう、ついさき頃、墨田区八広《やひろ》に住まれる岩瀬サダさんという見知らぬ方から、『15歳の東京大空襲』を読んだからといって、いいお手紙をもらいました。その一部を引用してみます。

「私は江戸川区平井の生れです。三月十日は煙に巻かれながら荒川方面に逃げました。父は中川の渡し舟を家業としていました。〝渡し場の娘〟がどんなにいやだったか御想像下さい。時代遅れの最たるものでした。船頭の娘なんて。それがお役に立ったなんて。どうぞ老婆のたわごととお読み捨て下さい」

わたくしを助けてくれたのは、ことによったら岩瀬さんのお父さんの「船頭さん」であったかもしれないのです。

●すべてが焼尽したあとに

河岸にはたくさんの人が残されていました。赤ちゃんをおぶったり、まだ幼い子どもを胸に抱いた若いお母さんが多かった。彼女たちはなす術もなくからだを寄せ合い、怯《おび》えながらただただ河岸にしゃがみ込んでいました。

船からは「飛び込め、飛び込め」という声がかかるのですが、赤ちゃんや子どもを抱えた彼女たちに、そんなことができるはずがありません。黒煙と猛火が、そんな女性たちに容赦《ようしゃ》なく襲いかかってきたのです。

黒煙が押しかぶさった瞬間に、みなコロッと倒れました。おそらく黒煙を吸い込むと窒息して意識を失ってしまうのでしょう。女性の髪の毛はまるでカンナ屑《くず》のように、一瞬のうちに燃えあがりました。そして、乾燥しきった炭俵に火がついたように、ブワーッという音をたてて、つぎつぎとひとのからだが燃え上がっていったのです。炎が鎮《しず》まったあと、その場には人のかたちをした真っ黒い炭が残されていました。

船のなか、濡れそぼったわたくしのからだには北風が痛いほど突き刺さり、ブルブルと震えていました。両手で自分のからだを抱き、歯をガチガチいわせながらその様子をただ黙って眺めていました。正直言って、なんの感情も抱きませんでした。

どれくらい船の上にいたのでしょうか。火の海が沈静化するまで、かなりの時間が経っていたはずです。岸に上がると、ずぶぬれになったからだと服を乾かすために残り火にあたっていたことを覚えています。そのうち夜が白々と明け、火も収まってきました。燃えるものは、もうなにもなくなり、おのずと収まったのだと思います。

家に帰ろう、とわたくしは思いました。でも足には靴下をはいているだけ。焼け跡は瓦礫《がれき》が散乱していてひどい有様でしたから、とても靴なしでは歩けません。途方にくれていると、見ず知らずのおじさんが「これ、履いていきなよ」と、ボロ靴を一足渡してくれました。おそらく川に飛び込んだ人が岸に脱ぎ捨てていったものなのでしょう。深く頭を下げてお礼を言ってそれを履いて、わたくしは自宅の方向に、歩き出しました。瓦礫と無数の死体をよけながら。

道すがらわたくしが見たのは不思議な光景でした。夜の帳《とばり》が開けたばかりの道の左右には、白い大小の四角い模様がずっと先までつづいていたのです。畳表の燃え滓《かす》でした。わたくしが見たのは一瞬というべきほどの、ごく短い時間でした。人びとが動き出し、そこに足を踏み入れたとたん、それはフワーッと雲散霧消したからです。

わが家は跡形もなく、きれいに焼けていました。運よく命拾いをしたおやじが戻っていました。「おお、生きていたか。よかった」とおやじがいいました。その一言だけでした。なすすべなく、しばらくわたくしたちは焼け跡でぼう然と立ち尽くしていたように記憶します。

そのときこんな思いがわたくしの胸に浮かんでいました。

「絶対に正義は勝つ。絶対に神風《かみかぜ》が吹く。絶対に日本は負けない。絶対に東京は焼野原にならない、絶対に俺は人を殺さない、なんておれはもう言えない。そんなの嘘《うそ》だ」

川で溺れかけていたとき、わたくしはだれかの手を必死で振りほどいていました。「これからは二度と〝絶対〟という言葉はつかわない」と心に決めました。

そしてもうひとつ。

あの空襲は、わたくしにとって何だったのか。

なぜこんなことが起きてしまったのか。

そんな疑問がわたくしのからだをつき動かした。

歴史と正面から向き合うことになる、これがわたくしにとっての原点だと思っています。

●新しい皇位継承のかたち

「燃え盛る火に追われ、命を失った幾多の人びとのことをわたくしどもは決して忘れることなく……」という天皇のお言葉に、わたくしが感銘を受けた理由を、これでおわかりいただけたのではないかと思います。

天皇は、これに限らずじつにたくさんの言葉を国民に向かってしゃべっておられる。昭和天皇の十倍くらいはあるのではないでしょうか。みなさんよくご存じのとおり、自然災害の被害を受けた人たちがあれば自ら訪ねて行き、慰め、かつ励ましてくださった。そして、日本人に限らず戦争で亡くなったすべての国の人たちに慰霊と追悼を捧《ささ》げて来られた。なにより陛下は、人びとと直《じか》にふれあって、喜びと悲しみをともにしようと、いつも考えておられるのではないでしょうか。

これはとても言いにくいことですけれど、このあたりに昭和天皇との大へんな違いがあるように思えるのです。はっきりといってしまえば、昭和天皇は生まれながら大日本帝国の「元首」にして軍の統領である「大元帥陛下」となることが決まっていた方です。そしてそう育てられた方でした。新憲法が制定されたあとは、それに馴染もうと努力しておられたけれど、しかしながら、ついに新しい時代の「象徴」にはなりきれなかったのではないか。恐れ多いことながらそう思えるのです。

「戦陣《せんじん》ニ死シ職域ニ殉《じゅん》ジ非命《ひめい》ニ斃《たお》レタル者及其《およびそ》ノ遺族ニ想《おもい》ヲ致《いた》セバ五内《ごだい》為《ため》ニ裂《さ》ク」

これは昭和天皇の、終戦の詔書《しょうしょ》の一節です。かれらのことを思えば心も内蔵も裂かれるように痛いという、まさに痛嘆《つうたん》、痛哭《つうこく》のお言葉でした。

ここにわたくしの想像を付言《ふげん》します。明仁天皇の心のなかにも、おなじ思いがあるのではないか。サイパン、パラオ、フィリピンといった太平洋戦争激戦地への旅は、慰霊と追悼の旅であると同時に、贖罪《しょくざい》の旅だったようにもわたくしには思えるのです。もしかしたら、昭和天皇がやらなかったことを代わりにやろうとされたのではないかと。

そしてもう一歩踏み込むことが許されるなら、陛下には喉元《のどもと》まで出かかって出しておられないお言葉があるのではあるまいかとも思う。それはたとえば、「先の戦争で多くの方が天皇の名前のために亡くなった。そのことで、私がいかに苦しんでいるかわかりますか……」というような。

いえ、これはあくまでわたくしの勝手な想像ですがね。

いずれにしても、つきつめて新しい形のご公務をお考えになってこられた陛下が、新しい皇位継承の形を望まれるのは、べつだん不思議なことではありません。「生前退位」のご意向との一報を聞いたとき、このような言い方は失礼かと思いますが、「陛下、誠にご苦労さまでした」と申し上げたい気分になりました。

自分なりの象徴像をほんとうに一所懸命につくりあげた。そして心のどこかに「やり終えた」というすがすがしいお気持ちもあるのでしょう。まだ幼少のころ、戦争の悲惨をしっかりと自分の眼で見、心に深く刻んだ陛下が、せっかく人生をかけてつくりあげた新しい「この国のかたち」なのですから、そのことをわれわれは肝に銘じるべきだと思います。ですから「生前退位は特例法で」とあっさり決めてしまって、一時しのぎみたいな対応をするのではなく、国民的議論をかきたてて、本気で考えるほうがよかったのではないかと、少々残念な気持ちでおります。

と、言いながらこの問題。じつはあなた方若い人たちの問題なのですよ。わたくしたち老骨はもうすぐあの世に行ってしまうのですから。これからの日本にとって、天皇制がどのようにあるべきなのか。天皇陛下と国民との関係、みなさんにはよくよく考えていただけますよう、お願いをしておきます。

第二話

大好きな歴史上の人物

鈴木貫太郎（1868〜1948）

勝海舟（1823〜1899）

(一)「鬼貫太郎」のこと

●わたくしの好きなふたりの人物

日本の歴史上の人物でだれがいちばん好きかと聞かれたら、わたくしはふたりの名前を上げます。鈴木貫太郎《すずきかんたろう》と勝海舟《かつかいしゅう》です。

先の戦争で、もう連戦連敗、東京下町の焼野原《やけのはら》をはじめ名古屋、大阪も壊滅、という状況下の、昭和二十年四月に首相となったのが鈴木貫太郎さんです。そんな嫌な役、だれも引き受けたくはないというタイミングでした。いっぽう勝海舟は日本海軍の生みの親。動乱の幕末にあって、幕臣として江戸城無血開城をなしとげた人物です。

このふたりの男がもつ凄みというものには、ひとつの共通点があります。そのあたりのことをじつにうまく書いたのが、大作家、志賀直哉《しがなおや》です。「鈴木貫太郎」という題のエッセイの一節を紹介します。この「鈴木さん」を「海舟」と置きかえてもすんなりと読むことができるのです。

「こういう時代には政治の技術など、たいして物の役には立たないのではないか。それ以上のもので乗切るより道がないような状態に日本はなっていたと思う。……正面衝突ならば、命を投げ出せば誰れにも出来る。鈴木さんはそれ以上を望み、遂にそれをなし遂げた人だ。鈴木さんが、その場合、少しでも和平をにおわせば、軍人は一層反動的になる。鈴木さんは他には真意を秘して、結局、終戦という港にこのボロ船を漕《こ》ぎつけた。吾々《われわれ》は今にも沈みそうなボロボロ船に乗っていたのだ。軍はそれを沖に出せという。鈴木さんは舳《へさき》だけを沖に向けて置き、不意に終戦という港に船を入れてしまった」（『日本の文学　22巻　志賀直哉2』中央公論社／一九七三年刊　所収「鈴木貫太郎」）

陸軍の猛反対を押し切ってポツダム宣言を受け入れ、終戦にもちこめたのは、最後の局面で鈴木貫太郎首相が腹芸を見せたからだ、などと評する人もいますが、決してそんな小手先の芸のようなものではない。腹芸だとか小手先の政治的テクニックでは、あのような厳しい状況を打開することはできません。

危機にあっては正面からぶつかって、本気になって考え抜き、どこでチャンスを見いだすかということに最大の神経を払う。鈴木さんと勝さんは、それをやった人でした。このふたりについて執筆を頼まれたら決してわたくしはノーとは言わない。かならず引き受ける主義でやってきた。さすがにくたびれちゃって、そろそろ、その看板は下げることにしたいのですがね。

日清戦争でも、日露戦争でも勇戦力闘して、「鬼貫《おにかん》」または「鬼貫太郎」とよばれた鈴木貫太郎さんのことを、わたくしは『聖断』と『日本のいちばん長い日』という二冊の本でくわしく書いていますので、貫太郎さんについて興味をおもちになったらぜひ読んでいただきたい。ここでは、志賀直哉の言う、「舳だけを沖に向けて置き、不意に終戦という港に船を入れてしまった」、まさにそのポイントに絞ってお話をします。あの戦争の、最後の一週間の話です。

●ポツダム宣言受諾をめぐって

広島への原爆投下とソ連の参戦を受けて、昭和二十年（一九四五）八月九日午前十時三十分から最高戦争指導会議がひらかれ、午後に入って閣議が断続的にひらかれました。

いちおう説明しておきますと、最高戦争指導会議というのは、いまおこなっている戦争をこれからどういう方向にもっていくのか、それを決定する国の最高機関。内閣にそこで決めた方針を示すことになっていました。

最高戦争指導会議のメンバーは首相、陸・海軍大臣、外務大臣、参謀総長《さんぼうそうちょう》（陸軍の作戦責任者）、軍令部総長《ぐんれいぶそうちょう》（海軍の作戦責任者）です。当時の大日本帝国憲法では、国務（行政）と統帥《とうすい》（軍隊を指揮）とはその権限が厳格に分けられていましたから、たとえば総理大臣や外務大臣は、戦争の作戦立案等に介入することはできません。いや、陸・海軍大臣も同じです。文官とみなされましたから。つまり文官はおなじ議論のテーブルに座ることはできないというわけです。しかし戦況がただならぬ状況に追い詰められ、国務と統帥を別々に議論していては現実に対処できなくなったために、これがつくられた。原理的には最終決定をおこなう権限はないのですが、実際上、ここで決めたことを軍にも行政にも反映させていました。もちろん天皇の裁可を得たうえです。閣議は、現在とおなじく全大臣が参加する内閣の会議のことですので念のため。

話をもどします。

午前からの最高戦争指導会議で、ポツダム宣言受諾だけはなんとか合意の方向にまとまるのですが、その条件をどうするかで紛糾します。外相と海相の早期受諾派は、条件はただひとつ、天皇の地位存続（これを皇統ともいいました）だけでいこうと主張します。ところが〝降伏〟すること自体に反撥《はんぱつ》している陸相、参謀総長、軍令部総長は、受諾には次の四条件をつけるべしと言って譲りません。

一、天皇の国法上の地位存続
二、軍の自主的撤兵、内地における武装解除
三、戦争責任者の自国における処理
四、連合国による保障占領の拒否

長崎への原爆投下の報《しら》せがこの会議中に入ってきています。けれども結論を得ぬまま、陸相ら三人がこだわったこの四条件を引き継いで、議論は閣議にもちこまれました。ここでもなかなか結論がでません。これが九日の夕刻までの動きでした。

さらに閣議はつづき、両者平行線のまま、とうとう日付が変わろうかという深夜を迎えた。そこで鈴木首相は禁じ手に打って出ます。いずれかを天皇に決めてもらい、それを結論とすることにしたのです。

憲法上、天皇は国策を自分からは指示あるいは命令をしないことになっています。内閣や

大臣が政策を決めて天皇はそれを承認するだけ。法のしばりから言いますと、A案かB案のいずれかを天皇が選んで天皇その人が決定するなどということもありません。政策は内閣や大臣が責任をもって決めて天皇はそれを承認するだけです。それゆえ法的に天皇には政策決定の責任がなく、大臣や内閣に責任があるということになっています。

ややこしい話ですが、元首《げんしゅ》である天皇は、その一方で大元帥《だいげんすい》という陸海全軍の最高位の立場でもあります。軍事行動について大元帥の決断が最優先されるのは当然で、この権限を統帥権《とうすいけん》と言っていました。この大元帥がもっている大権を政府が侵しているのか、そうじゃないのか、ということで昭和前期の政治はスッタモンダがしばしば起きた。鈴木首相はこのデリケートな領域をうまく使いわけたのです。

軍事上の問題であるのだから大元帥に最終戦略を決めてもらい、内閣がその方針にそって国策として全員一致で意思決定する。天皇はそれを承認する。こうしてきちんとした憲法上の手続きをとれば、いかな強硬論の陸軍も従わざるを得ず、降伏条件を天皇が決めたことにもならない。別権能《べっけんのう》である大元帥と天皇の立場を使い分けて、憲法違反を避けるギリギリのやり方を鈴木首相はとったのです。形式主義と言うなかれ。法治国家としては、形式をととのえることがもっとも大切なのです。

●一難去ってまた

深夜になりました。天皇の前に鈴木首相と東郷《とうごう》外相が進み出ます。外相がこの日の議論を説明し、鈴木首相がもう一度、最高戦争指導会議を開くのでこれに臨席してもらいたいと願い出ます。さらに法制上のもれを防ぐため、枢密院《すうみついん》の平沼騏一郎《ひらぬまきいちろう》議長をこの会議に参加させることにします。大きな政策決定には枢密院の承認も必要なのでした。

舞台はととのいました。真夜中に御前会議が開かれます。場所は、皇居のなかの地下防空壕《ごう》。阿南《あなみ》陸相は四条件案、東郷外相は一条件案。天皇の前でも双方対立して結論になりません。会議がはじまって二時間が過ぎようとしたとき、議長である鈴木首相が天皇に、「思し召しのほどをお示し願いとう存じます」と願い出た。

天皇は、ここで「外務大臣の意見に同意である」と明言します。その理由として、「従来勝利獲得の自信ありと聞くも、計画と実行が一致しないこと、防備並びに兵器の不足の現状に鑑みれば、機械力を誇る米英軍に対する勝利の見込みはない」と述べている。軍部に対する批判ともとれる天皇の言葉でした。陸軍大臣としてはもはや反論は不可能。覆すことはできません。このあとの閣議で、「天皇の国家統治の大権を変更しない」という条件ひとつでポツダム宣言を受諾するという、最終的な国策が決定されました。

朝を迎えて八月十日午前七時、閣議決定された内容の緊急電報が、中立国のスイスとスウェーデンの日本公使館を経緯して、アメリカと中国、ソ連とイギリスに送られます。

ところが今度はその報せを受け取った連合国側が揉《も》めてしまう。一条件つきだが承知してやろうという意見に対し、いや、あくまで無条件降伏だ、譲歩は無用だ、という反対意見がソ連、中国から出たからです。

アメリカが各国を調整し、連合国側からの回答がようやく決定します。ところが八月十二日の早朝、正式回答電報がとどく前に、サンフランシスコ放送がそれを伝えてしまう。この内容に軍部が強硬に反発するのです。とりわけ問題となったのが「SUBJECT TO」のくだりでした。

外務省幹部はこれを、どうせ軍人たちは外務省の訳文だけをみて判断するだろうと決めてかかって、名訳をひねり出していた。天皇の大権は「(連合国の)制限の下に置かる」です。ところが軍部もさるもの。自分たちでウェブスターの大辞典を引いて、その第一義の訳、「隷属《れいぞく》する」という文言を早々に確認していました。それをつかって訳せば「天皇および日本国政府の国家統治の権限は……連合国軍最高司令官に隷属するものとす」となる。そんなことで国体《こくたい》の維持が、できようはずないではないかッ、といきり立ちます。

陸軍参謀総長（梅津美治郎《うめづよしじろう》）と海軍軍令部総長（豊田副武《とよだそえむ》）は、外務省よりひと足早く、この連合国回答をもって天皇に会いにいく。「国体護持確認の再照会」をするべきと、天皇を説得に掛かるのですが、天皇の意思は固かった。天皇が降伏の決意を変えないことをみて、かくなる上はクーデターも辞さずと、強硬意見が軍部を支配していくのです。

●二度目の聖断

この日、八月十二日午後三時にひらかれた閣議は、大揉めに揉めています。即時受諾の外務大臣案、全面反対の陸軍大臣案、そして再照会案とが入り乱れ、大紛糾してしまう。しだいに場の空気が再照会へと傾いていくと、東郷茂徳《しげのり》外務大臣は、「ここに至って再照会などしたら、戦争終結がご破算になってしまう」と思っていますから、もう気が気ではない。ついに議論を中断させるべく休憩を提議した。すると鈴木首相があっさり「そうしましょう」とこれを受け入れた。正式回答電がまだ到着していないことを理由に中断となりました。

翌十三日。朝からはじまった最高戦争指導会議では、即時受諾と再照会との二案がふたたびはげしく対立。午後三時からは閣議に移りました。この日、鈴木首相は個別に閣僚の名をよび、一人ひとりに意見を求めました。なかには「総理に一任します」と答える大臣もいて、鈴木首相は「わたしはあなたの意見を聴いておるのですッ」と厳しい態度で臨んでいます。結局、受諾反対を主張したのは阿南陸軍大臣と安倍源基内務大臣の二人。閣議は全員一致が原則で、反対がひとりでもいたら、決議できません。つまりまたしても閣議は結論を出せなかった。散会にあたって、鈴木首相はつぎのように言いました。

「本日の、閣議のありのままを陛下に申し上げ、明日午後に重ねてご聖断を仰ぎ奉る所存であります」と。これが夕刻六時半過ぎのことでした。

翌八月十四日。この日、鈴木貫太郎さんの打った手が、まことにあざやかでした。

昨日の閣議で「午後に」と言った御前会議を午前中に、それも正規の御前会議では細かい事務手続きが必要となってすぐにはひらけないので、奥の手をつかうことを決心するのです。奥の手とは、天皇召集による懇談形式の御前会議の開催でした。懇談会なら文句の出ようはずがない。召集するのは閣僚全員と、最高戦争指導会議の構成員に加え、枢密院議長も、ということにした。この朝、天皇に奏上し、実行の許しを得ています。

朝九時からの閣議はキャンセルされて、天皇の名で「平服にてさしつかえなし、午前十時半までに吹上御苑《ふきあげぎょえん》に参集せよ」との命がくだりました。関係者全員二十四人があわただしく参集しています。じつはこのとき、間一髪の危機を脱していたのです。

徹底抗戦派の陸軍の将校たちは、前夜、クーデター計画をつくりあげていました。

「一、近衛師団をもって宮城をその外周に対し警戒し外部との交通通信を遮断す。二、東部軍をもって都内各要点に兵力を配置し要人を保護し放送局等を抑え、三、たとえ聖断下るも右態勢を堅持して謹しみて聖慮の御翻意を待ち奉る、四、（略）」

ここで言う「要人」とは、鈴木首相、東郷外相、米内海相たち和平派閣僚のことです。首相官邸での午後の閣議の席に乱入して、かれらを拉致し、戒厳令をしき、天皇に徹底抗戦を決意していただこうという計画でした。いまでは、このクーデター計画は、その直後に死んだ青年将校たちが勝手につくったとされていますが、さあ、どうでしょうか。

戦後になると、旧陸軍関係者にとっては触れられたくない古傷となってしまいましたから、ほんとうのところは藪《やぶ》の中です。実は、わたくしが『日本のいちばん長い日』で書いたようにはうまくいかなかった恐れがあった。「ここだけの話、その旗頭は陸軍参謀本部の軍事課長の荒尾《あらお》興功《おきかつ》だった」という話を、かつてわたくしは生き残りの陸軍幹部から聞いたことがあります。さもありなん、陸軍中枢による立案だった可能性は高いのです。クーデタの成功する確率はかなり高かったのかもしれません。

ですから、天皇による詔書渙発による終戦方式は、じつは考えているよりも危うい綱渡りでした。乗り切れたのはほんとうに幸運であったのですが。

●ボロ船を漕ぎつけて

昭和二十年（一九四五）の夏、国力はもう底をついていました。国中の主な都市は完膚なきまでに焼き払われており、その現状を真剣に考えれば、だれの目にも戦争がこれ以上つづけられないことは明白でした。けれど陸軍は本土決戦による最後の勝利を、と声をふるわせて絶叫していた。さすがの陸軍も勝利など、とうてい考えていなかったことは明らかですが、追いつめられた軍の力学と軍人の心情が、「どうせ亡《ほろ》びるなら、いっそ最後の一兵まで華々しく戦いたい」――と大言壮語させていました。

鈴木首相の耳にもクーデター計画の情報は入っていたと思います。だからこそ貫太郎さん、この奥の手をその日の朝に考えついたのでしょう。予定どおりに首相官邸で閣議などやっていたらクーデターが成功してしまう。その動きを阻止して、なんとしても戦争は終わらせなくてはならない。こうなったら閣僚だけでなく、戦争指導会議の面々、そして枢密院《すうみついん》議長も、みんな天皇のおられる宮城のなかに入れてしまおうと、そう肚《はら》を決めたのだと思います。いかな陸軍でも、軍法というものがあり、勝手に宮廷のなかには入れません。

じつはこの奥の手、発案したのは木戸幸一《きどこういち》内大臣というのが長らく昭和史の定説でした。ほかでもない本人が自らの日記（『木戸幸一日記』）でそれを匂わせ、鈴木貫太郎首相の発案であったとは、ひと言も書かなかったからです。

これはもう十数年前のことですが、千葉県野田《のだ》市関宿《せきやど》の鈴木貫太郎記念館に行ったときのことです。展示物のなかに鈴木さんが読んだ『木戸幸一日記』がありました。終戦直後に出た初版でした。それをパラパラとめくっていると、八月十四日の記述、「八時四十分より同五十二分迄、鈴木首相と共に拝謁す。十時半より閣僚、最高戦争指導会議員聯合《れんごう》召集を仰出さる」とある、そのページの余白に、貫太郎さん自筆のメモ書きがあるのです。「違う」と。これを見たとき、わたくしは確信しました。木戸ではなく、ほんとうは鈴木貫太郎がやったことではなかったかと。ところが残念ながらその証拠が見つからない。

長生きはするものですね。その証拠が、平成二十六年（二〇一四）に出てきました。八月に完成した『昭和天皇実録』（宮内庁編修　公刊本は翌年三月から順次刊行）です。その実録にこうあるのです。

「午前八時三十分、御文庫において内大臣木戸幸一に閲を賜い、米軍機がバーンズ回答の翻訳文を伝単《でんたん》（註・宣伝ビラ）として散布しつつありという状況に鑑み、この状況にて日を経ることは国内が混乱に陥る恐れがある旨の言上を受けられ」。木戸があの朝言ったのはこれだけ。このまま放っておいては国内が混乱しますぞ、と怯懦《きょうだ》の弁を述べただけでした。この文章のあとにこう続きます。

「引き続き、特に思召しをもって内閣総理大臣鈴木貫太郎及び内大臣に列立の謁を賜う（首相・内大臣の列立拝謁は従来その例なし）。首相より本朝までの経過につき奏上を受けられる。さらに首相より、お召しによる御前会議の開催につき奏請を受けられ、これを御聴許になり、十時三十分よりの開催を仰せ出される」（傍点著者）

というわけで、やっぱり発案は貫太郎さんだったのです。これでまた長い時を経て、点と点がしっかりとつながりました。

●死をも覚悟して

昭和二十年八月十四日にもどります。

午後に予定されていた御前会議がくり上げられたと知らされたとき、抗戦派の将校たちは「だまされたッ」と地団駄を踏んだことでしょう。ふたたび聖断が下されたなら、計画は完全に水の泡となることはまちがいないからです。御前会議は十一時二分に始まりました。会議の冒頭で鈴木首相は、天皇に十三日の閣議の模様をくわしく述べ、意見はついに不一致に終わったので、この上はポツダム宣言受諾の反対意見を聴取のうえ、重ねてご聖断を下されるようにとお願いしました。

首相が着席すると軍部のトップ三人、陸軍参謀総長（梅津美治郎）と海軍軍令部総長（豊田副武）、そして陸軍大臣（阿南惟幾《あなみこれちか》）が立ち上がり、あらためて反対意見を述べます。「このままの条件で受諾するならば、国体の護持《ごじ》をおぼつかなく、よって是非とも再照会をこころみ、もし聴かれなければ、一戦をこころみて死中《しちゅう》に活《かつ》を求めるほかない」と。涙ながらに天皇にうったえた。

あとをついで発言する者はなく、しばし静寂《せいじゃく》が息苦しく室内をつつむ。このあと天皇が口を開く。「先方の回答をそのまま受諾してよいと考える」。戦争終結の決意に変わりはないと、各員の賛成を求めました。戦争終結という国策を、天皇の意思によって決めた瞬間でした。

『昭和天皇実録』では、御前会議に列席していた要人が残したメモや手記などをもとに天皇のことばを淡々と記していますが、実際は、必死の思いで切々と訴えたのではなかったか。

阿南陸相の背後には、戦争を継続する強固な意志をもった軍人たちがいた。国外にも数百万の将兵がこのときも命をかけて戦っている。その軍人たちを納得させることがどれほど困難なことか、天皇自身、よくよくわかっていたのです。このとき天皇みずから、「詔書（註　天皇が発する公文書）を出してくれ、ラジオ放送もやろう」とまで発案しています。これは戦争終結が、さっきも書いたようにいかに真剣刃渡りのような危ないものであったかを伝えて余りあるエピソードです。玉音放送の、「堪《た》え難《がた》きを堪え、忍び難きを忍び」という天皇の言葉は、陸海軍人にたいして「どうかわたしの決断にしたがってくれ」との、軍部への懇願の言葉ではなかったかとわたくしは考えています。

貫太郎さんは、こうして懇談会の形式にして天皇に決断を強いたあと、その決定が憲法違反にならないようにつづけて閣議を開き、あらためて全員一致によるポツダム宣言受諾の決定をしています。当時の大日本帝国憲法では、政治的、行政的責任は政府に掛かっていて、天皇個人に責任を帰すものでないとされているのは先にも述べたとおりです。貫太郎さん、ここでもまた法的に瑕疵《かし》がないように、ちゃんと手を打っていた。最後の最後まで気を抜かず、いかに本気を通していたかがよくわかります。

つぎのエピソードは秘書官をやっていた息子の鈴木一さんから直接聞いた話です。その日の朝、「おれは憲法違反という大罪を犯すのだから、死刑になっても致し方ない。それは覚悟の上でやろう」と貫太郎さんは言って出かけて行ったという。ほんとうに命がけだったのです。二・二六事件で「君側《くんそく》の奸《かん》」とされて陸軍将校の銃弾を浴びたが、奇跡的に助かった。あのとき落とすべきところを救われた生命は、この日のためにあったと鈴木さんは思ったのではないでしょうか。

(二) 勝っつぁんの深謀遠慮

●江戸八百八町を火の海に

勝海舟《かつかいしゅう》といえば、慶応四年(一八六八)三月の西郷隆盛《さいごうたかもり》との談判。江戸城総攻撃の前日の交渉ばかりが褒《ほ》めそやされます。しかし江戸城の無血開城は、その西郷との談判で決定となったわけではありませんでした。わたくしはむしろ、その前後の勝《か》っつぁんの行動にこそ注目したい。まずは談判の前にやっていたことを見ていきます。

こちらが出す条件を西軍が簡単に呑《の》むとは思えない。もし西郷との交渉が決裂して、西軍による江戸城総攻撃を回避することができなかったとしたら否応なく戦争になる。勝はそのときのためにおよそ奇想天外な作戦を練っていました。ゲリラ戦です。

新門辰五郎《しんもんたつごろう》ら侠客《きょうかく》の親分三十余人、江戸いろは組の火消し衆、日本橋の魚市場《うおいちば》、神田青物《あおもの》市場《いちば》の勇《いさ》み肌《はだ》の兄《あに》ィたち。血の気《け》の多い連中のすべてに話をつけていきました。

「どうしてもこっちの嘆願をきかぬとなって、西軍が江戸市中に進撃してきたそのときには、江戸八百八町《はっぴゃくやちょう》に火を放って、火の海でかれらをとり囲んで、残らず焚殺《ふんさつ》しておくれな」

しかも、市民の被害を最小限にするために、房総の漁民を呼びよせてこう頼んでもいる。

「江戸に火の手があがったら、そっちの海岸にありったけの大小の船を、ただちに江戸湾に向かって漕《こ》ぎつけてくれ。それらを江戸の川や堀、海岸につけて、逃げてくるものを乗せてやってくれ」

勝はこうしていざとなったときの万全の策を立てて西軍の到来を待っていたのです。

さて、勝と西郷の談判は二回。はじめの三月十三日は高輪《たかなわ》南町の薩摩《さつま》藩下屋敷《しもやしき》、つぎに翌十四日は芝田《しばた》町の薩摩藩蔵屋敷でおこなわれました。海舟が主張したことは二つだけ。将軍徳川慶喜《とくがわよしのぶ》の生命を確実に保証することと、幕臣のメンツを潰さぬだけの石高をよこせということでした。これが守れなければ断固武力をもって抗すると。勝者と自認する西軍を圧倒する気迫・気力だったと思います。慶喜の生命の保証を第一条件とするあたり、将軍を天皇と置き換えてみると、昭和二十年八月の日本帝国の降伏をつい偲《しの》ばせますが、まあ、それはともかく。

●西郷隆盛、西へ東へ

勝の主張をすべて聞いた西郷はこう言った。

「戦《いくさ》は好んで致すべきではありませんから、明日の総攻撃は、差し当たって一時中止することにいたしましょう」と。ひとまず勝の申し出を受け入れた。要するに中止はあくまで暫定措置。このときまだすべてが丸く納まったわけではなかったのです。

難関は、軍を率いて駿府《すんぷ》で待っている幕府征討軍の総督、有栖川宮熾仁親王《ありすがわのみやたるひと》。そして京都で控えている三条実美《さんじょうさねとみ》、岩倉具視《いわくらともみ》、大久保利通《おおくぼとしみち》らお歴々です。勝に「嘆願書の一条については、拙者が駿府に出向いて、大総督宮《だいそうとくのみや》の御意見を伺いますが、都合であるいは京都へ参ることになろうか、と思います」と西郷は言いました。一条とは、「隠居の上、水戸表へ慎み罷りあり候よう仕りたし(註・出身地である水戸での謹慎)」という慶喜への処分を軽くするための必死の嘆願でした。西郷の回答の内容から、駿府と京都の承諾を得ずに、西郷の独断で決められる問題ではなかったことがよくわかります。

このあと西郷は、勝に伝えたとおりに駿府にはちょっと寄りましたが、万事は京都にありと東海道を駆け上り、一目散に京都に向かいました。ついたのは慶応四年(一八六八)三月二十日。勝との二度目の会談から六日後です。その日にすぐ太政官代《だじょうかんだい》のおかれている二条《にじょう》城《じょう》に出頭している。時をおかず御所で緊急会議がひらかれます。西軍側もそうとうに急いでいるのがわかるのです。

列席しているのは西郷のほか、三条実美、岩倉具視、大久保一蔵《いちぞう》（利通）、木戸準一郎《じゅんいちろう》（孝允《たかよし》）、広沢真臣、後藤象二郎の七人。こと慶喜の処遇については、岩倉や大久保が超強硬派と目されていました。

長州の木戸は、薩摩藩が慶喜に対して厳罰を下す心づもりらしいとの情報を得ており、それを阻止するために急いで国もとから京へ出て来ていました。いざ会議がはじまると、強硬派だったはずの薩摩の西郷が、慶喜助命の案を自分から言い出した。まさかの発言に、木戸はシメタとばかりに大熱弁を振るったようです。徹底抗戦をしない敵に過酷な罰を加えることは、野蛮そのものであって王道にあらずと。結局、勝から預かった嘆願書の条目は、ほとんど全部が認められることになります。

差し戻したのは、軍艦や武器についてだけ。それは、幕府側で一応は納めおき、事がすんだときに、相当な数を残してあとは引き渡すようにしたい、というかなり虫のいい要望でした。さすがに全部事前に渡せ、という次第になりました。

京都が認めた宸裁《しんさい》（註・天皇の認めた決定）案をもって、西郷が駿府に着いたのは二十五日。

これまた猛スピードでした。ここで、大総督有栖川宮に報告をするのですが、有栖川宮を囲んでいた参謀どもが黙っていなかった。第二項の、明け渡しののちに江戸城は田安《たやす》家に預ける、とあるのを、尾張家に預けると変更させると言うのです。田安家が悪くて、尾張家がなぜいいのやら、理由はさっぱりわからないのですが、何か言わないと権威がなさすぎるということだったのかもしれません。若干のイチャモンをつけました。

西郷は駿府で少し修正された宸裁案をもって東海道をまた急ぎ旅。とにかく急げ、急げです。四月四日にその内容を徳川方に通達したのでした。江戸無血開城実現までの、西郷の東《とう》奔西走《ほんせいそう》もまた、見事でありました。

こうして事態が凍結したままの半月あまり、薩長からの返事を待つだけの勝海舟は、いったい何をしていたか。

●将を射んとせば

三月二十六日。この日は西郷が京から駿府に到着した日の翌日です。勝は幕府の艦船に乗りこんだ。英国公使ハリー・パークス本人に会うために、横浜に向かったのです。列強のなかではフランスが幕府に取り入っていたこともあって、イギリスは対立側の薩長に肩入れしていた。しかし勝は、そのイギリスとてかならずしも薩長一辺倒でないことを知っています。いざとなったらイギリスに、両者のなかに入ってもらいたい。それが直談判の目的でした。

翌二十七日の朝、英国公使館を訪ねると、ひとまず応接間に通されるのですが、通訳が出て来てパークスは面会謝絶の態度を示していると言う。

「ま、どうしても会わぬというなら、会っていただけるまで何日でも待つことにいたそう」と勝っつぁん。江戸っ子だから短気かと思いきや、このときばかりは気長に待とうと肚を決めています。勝っつぁんの回顧録『解難録《かいりろく》』には「待つことおよそ一日」とありまして、昼飯はどうしたかと気になるところですが、歴史小説家、子母澤寛が描くところの『勝海舟』では、夕方までぐっすり眠ったことになっています。「心の苦しみは、この人を一刻半刻も正体もなくさせては呉れないのだ」と子母沢が書いたとおり、たしかにこのときの勝っつぁんの心労は、ただならぬものであったに違いない。身辺の幕臣とて、かならずしも味方ではありません。ひとつまみの和平恭順《きょうじゅん》派以外は、武士の意地を貫いて徹底抗戦、玉砕《ぎょくさい》覚悟の剣呑《けんのん》な連中ばかりでした。

この日の夕刻、ついにパークスが根負けします。通訳が、用件はなにかと聞きにきたのです。勝が答えていわく、

「徳川の治世下で、イギリスとのあいだで生じたさまざまな未解決事件や、外交問題をきれいに始末したい。ついては公使に会えるまで、何日でも待つ所存《しょぞん》」。

何日もがんばられたらいい迷惑ですから、ついに公使本人が会う事になった。勝は公使に外交問題のこまかな懸案とその処理方法を一つひとつ説明して、その了解を求めたのです。百戦錬磨《ひゃくせんれんま》のパークスは、勝がわざわざそんなことのためにやって来たのではないことぐらい、たぶん察しはついていた。その話が終わると、自分からこう切り出しました。

「徳川家はこのたびお気の毒なことになったが、この難局をどうするつもりか」と。勝っつぁんはそのひと言を待っていました。その瞬間からほんとうの談判がはじまったのです。

●籠絡された英国公使

その内容の詳細は、記録として残っていないのですが、おそらく勝はこういうふうに率直《そっちょく》に、告白することから話し始めたのではなかったかと思います。

徳川家の希望はこうで、朝廷側の要求はこうなのだが、なんとか戦争にならないように自分は全力をつくしている。いざとなれば江戸を火の海とする背水《はいすい》の陣《じん》を布《し》いたが、本意はあくまで徳川家を守ることで、薩長と戦うことではないと。後年、パークスが大久保利通に語ったところによれば、勝は「ただ私の願うところは無辜《むこ》を殺さず、外邦《がいほう》の手を借りず、天下の公道に処し、広義のある所に安《やす》んぜんと欲するにすぎざるなり」と述べたといいます。

余談ですが、「維新《いしん》」という言葉は幕末にはいっぺんも出てきません。同時代につかわれていたのは「御一新《ごいっしん》」です。「維新」という中国由来の言葉が出てきたのは明治十年代。元勲《げんくん》、西郷隆盛も大久保利通もこの世を去り、まだ明治政府の屋台骨《やたいぼね》がグラグラしていた時代に出てきた。つまりは、政治を担う自分たちの明治政府には正統性があるのだということを示すために「維新」という立派な看板を中国の古典から探してきたというわけ。勝海舟、そして漱石《そうせき》、荷風《かふう》に言わせりゃ「一新」どころか「瓦解《がかい》」ですよッ。……おっと、もとへ。

パークスはそのとき、敗軍の将でありながらも悪びれずにその信念を語る勝海舟に感服したのだと思います。それは、このあと態度が親身になっていることからもよくわかる。ちょうど横浜港に入港していたイギリス軍艦アイロンジックのキップル艦長を呼んで、勝にディナーを饗《きょう》しているのです。パークスは、勝を慰労したいという気持ちになったのか、あるいはもっと話を聞きたいと思ったのでしょう。

この席で、もしも万策尽きて戦争となった場合には、その後の策をいかにすべきかと勝が話を持ちかけたところ、慶喜の身柄が危うくなったときにはロンドンへ亡命させるという密約が交わされました。そのうえで勝は、数日後に横浜港を離れる予定であったアイロンジック艦を、さらに一カ月の間、停泊させて欲しいと頼んでいます。西郷が江戸総攻撃をいったん中止する約束をしたとはいえ、この先いつどうなるかわからない。ならば少なくともひと月くらい、慶喜亡命のために艦船は横浜にとどまっていてもらいたいと考えたのです。艦長もパークスも、「承知した」と。けりがつくまで横浜にとどまることになりました。

パークスとしても、幕府軍対西軍の全面戦争となったなら、へたをすると各々の後ろ盾となっている英仏間の紛争に発展しかねないと思っているから、軍事衝突は起こさせたくない。というわけで、パークスはこのあとその支援の軸足を、幕府側にちょっと移して薩摩に脅しをかけるのです。

●誠心誠意、命がけ

西郷のもとにイギリス公使館から書簡が届いた。パークスが会いたいと言っているので横浜に来てほしいと。西郷さん、「さては勝が動いたな」と瞬時に看破《かんぱ》しつつ、求めに応じて会いにいく。そのときパークスは、こう言って西郷に警告を与えたのです。

「慶喜公とその支持者たちにたいして、もしも苛酷な処罰をもってのぞむならば、ヨーロッパ諸国の世論はその非を鳴らして、新政府の評判は大いに傷つけられることになろう」

恭順している君主を絞首刑にするなどという野蛮なことをしたら、国際的な非難を浴びることになるぞ、「万国公法」というものがある、とクギを刺した。このとき西郷は、パークスに対しても、慶喜への寛大な処置を約束することになったというわけです。

こうして見ると勝・西郷会談が当事者間交渉なら、勝・パークス会談は和平仲介交渉。いずれも誠心誠意、命がけ、体当たりの交渉でした。

このように述べると、勝海舟にしろ鈴木貫太郎にしろ、国のためを思って行動した「偉人」という印象を読者に与えているかも知れませんが、わたくしは近ごろ、でっかいことをやった人物というのは、あまりでっかいことは考えてなかったのではないかと思うようになりました。勝の場合は徳川慶喜の命を救うため、鈴木貫太郎さんは戦争終結を求めた昭和天皇の願いを実現するため。「この人を助けたい」と本気で思った。そういうことなのではないですかね。その一点に集中してやったことだったようにも思えるのです。でっかいことを大義名分にしてコトを成そうとすると、きまって途中で腰くだけとなる。そんな気がしてならないのです。

それはさておき、勝っつぁんのその後について付け加えます。

明治三十一年（一八九八）三月二日、さいごの将軍、徳川慶喜が一新以来はじめて、かつての居城《きょじょう》の門をくぐります。新政府君主の住む宮城《きゅうじょう》の客となり、明治天皇と皇后から酒肴《しゅこう》でもてなされました。この日のことを勝は日記にこう記しました。

「二日。慶喜公御参内《ごさんだい》。御取扱い向き甚《はなは》だ厚く、皇后宮より賜物あり。皆出格。我が苦心三十年、少しく貫く処あるか」

この和解劇は、勝の裏工作があってこそ実現したものでした。七十四歳の勝はからだが弱って病床にありましたが、ついに首尾をまっとうした、「我が苦心三十年」、オレは仕事をやり遂げた、との熱い思いが胸に溢《あふ》れたことでしょう。この翌年、勝っつぁんはあの世に旅立ちます。最期に言った言葉は「はい、これでおしまい」。粋な男でした。

第三話　歴史探偵を名乗るまで

文壇野球チームの三塁手の坂口安吾さん
（1906〜1955）　（撮影　著者）

(一) 隅田川の畔にて

●隅田川で産湯をつかい

わたくしが生まれたところは、勝《か》っつぁんとおなじく隅田川の向こう側です。勝っつぁんは本所でわたくしはそのすぐ北隣の向島《むこうじま》。わたくしが生まれた昭和五年（一九三〇）、東京はまだ「東京府」で、中心地域の東京市は十五の区に分けられていました。

向島のあたりは「郡」だったんです。生まれた家の当時の住所は、「東京府南葛飾郡吾嬬《あづま》町大字《おおあざ》大畑」。昭和七年に東京市は隣接の郡町村を吸収して大拡大をはたし、区の数が十五から一挙に三十五に増えました。新宿も渋谷も世田谷もそのときはじめて区になった。「市民五百万人」「世界第二の大都市」と、おおいに祝ったらしい。南葛飾郡吾嬬町は向島区となって、郡部の田舎ッペだったわたくしもオン年二歳で東京市民になったというわけです。まぁ、どうということのない生まれ育ちで、勉強好きでもありません。いたずら小僧の悪ガキの大将であったことはたしかです。隣町の悪ガキどもと喧嘩ばかりしていました。

いまでも忘れられないのが、二宮金次郎《にのみやきんじろう》にまつわる想い出です。

開戦直前の昭和十六年九月に金属供出（九月一日施行「金属類回収令」）がはじまりました。国は、戦争遂行のためにあらゆる金属の供出を求めたのです。悪ガキにとって大切な、鉄のベエゴマは姿を消して、たちまち瀬戸物と化した。丸い床の上でパチンと二つに割れてしまうような弱いコマですから、これは悲しかった。もちろんベエゴマばかりでなく、鉄鍋や釜、学校の校庭にあった二宮金次郎像までもが、狩り出されることになりました。

いよいよ二宮金次郎の銅像が撤去されるという時に、わたくしたち悪ガキは考えた。この野郎のおかげでオレたちはどれだけ説教されたかわからない。

「二宮金次郎は薪《まき》を背負って働きながら勉強しているぞ。お前たちは親の手伝いもしなけりゃ勉強もしねえ。悪ふざけばかりしていないで、金次郎さんを見習えッ」というわけです。

よーし、いい機会だから金次郎の野郎がなにを読んでいるのか確かめてやろうじゃねえか、と銅像の台座によじのぼってみたのです。するとウチの小学校の、銅像の本には「忠孝《ちゅうこう》」と彫ってありました。なんだよ、たった二文字かよ。こうなったらほかの小学校の金次郎も確かめてやれ、ということになった。司馬遼太郎《しばりょうたろう》さんにその話をしたら、きみは子どもの頃か

早朝のラジオ体操の終わったあと、近所の悪ガキ仲間たちと。
肩を組んだ三人、向かって右端が著者。

ら探偵だったんだね、などとからかわれましたがね。

　ともかく「調査」のために遠征をすることにしたのです。おもしろかったのは、学校によって銅像の本がずいぶん違っていたこと。お金をかけてつくられた銅像にはたくさん字が書いてある。

「子のたまわく……」と論語の一節があったり、

「我が臣民克《よ》く忠に克く孝に億兆《おくちょう》心《こころ》を一にして……」という教育勅語の一節もありました。ところが、そのあと行った小学校では、金次郎が読んでいたのは、あろうことか白紙でした。字が書いていない。たしか五つ目の学校でした。

「なんだこの野郎ッ、なにも読んでないくせに、読んでるふりをしやがってコラッ」

　なんて言いながら、頭をコツンとはたいて騒いでいたら、その学校の校長に見つかっちゃった。用務員室に連れていかれてさんざん絞られました。

その日のうちか翌朝か知りませんが、厳重抗議がうちの校長のところに来たらしい。朝いちばんで校長室に呼び出され、開口一番《かいこういちばん》「本校はじまって以来の恥だッ」と怒鳴られた。その校長がまあ、飽きもせず説教すること説教すること。金次郎のとなりの朝礼台に朝から昼まで立たされました。お昼に帰る低学年のチビどもが、つぎつぎに朝礼台の前に立ち止まって、口々に「イヒヒヒ」だの「バーカ」だのと言いながら、鼻先で手をビラビラさせていくんです。これが悔しくてねえ。突っ立ったまま、「チビども、覚えてやがれッ」なんて小声で凄《すご》んだりしましたが、まあ、そんな程度のどうしようもない悪ガキでした。

●講談と浪花節

本を読むのは嫌いではなかったんです。当時、講談社から『少年講談』（全四十九巻）という本が出版されておりまして、それが好きでよく読んでいました。布表紙で厚さ五センチくらいの分厚い本。不思議なことに著者名がなく、一冊で一人ないしはワンテーマを取りあげた読み切りとなっていました。『塚原卜伝《ぼくでん》』『後藤又兵衛』『雷電為右衛門』『猿飛佐助』『梁《やな》川《がわ》庄八《しょうはち》』『里見八犬伝』……というようなラインナップだったと記憶しています。ともかく英雄豪傑のことは、すべてこの本から学びました。学校の授業は皇国史観一点ばりでおもしろくありませんから、教科書の日本人より「少年講談」の日本人のほうがずっと魅力的だったのです。講談ですからリズムもよかった。

猿飛佐助ってだれ？　と知らない方もいるでしょう。真田幸村の家来で、真田十勇士の一人。この真田十勇士の名前はいまでも覚えています。猿飛を筆頭に、霧隠才蔵、三好清海入道、三好伊佐入道、由利鎌之助、筧十蔵《かけいじゅうぞう》、海野六郎、穴山小助、根津甚八、あと一人は……そう望月六郎、これで十勇士です。こんなこと覚えていても何もなりませんが、夜眠れないときにお題目のようにとなえていると、いつの間にか眠ってしまいます。

わたくしが子どもの頃、なんたっていちばんはラジオ。情報源であり、かつまた娯楽を提供してくれる宝箱でした。大人も子どももさかんに聞いたのが、浪花節《なにわぶし》です。下町というのはいいところで、向島にも寄席がたくさんありました。当時は浪花節と講談が主流で、落語はあんまりかかっていませんでしたねえ。ラジオからばかりでなく、しょっちゅう寄席へ行って生で聞いてもいました。浪花節も講談も、ずいぶん覚えました。忠臣蔵も赤穂《あこう》四十七士、全員の名前を言えた時代がありましたから。いまは半分くらいしか言えません。

有名な浪曲師、広沢虎造《ひろさわとらぞう》の「石松三十石船道中《いしまつさんじつこくぶねどうちゆう》」、おなじく三門博《みかどひろし》の「唄《うた》入り観音経《かんのんきよう》」、寿々木米若《すずきよねわか》の「佐渡情話《さどじようわ》」。この三つはいまでも唸《うな》れます。「佐渡へ佐渡へと草木もなびく佐渡はいよいか住みよいか　唄で知られた佐渡島」米若のつぶれた声がぴったりでしたね。おなじ曲でも演者によって独特の調子がある。名跡《めいせき》、玉川勝太郎《たまがわかつたろう》の「天保水滸伝《てんぽうすいこでん》」の「利根の川風　袂《たもと》に入れて　月に棹《さお》さす高瀬舟……」、盲目の浪曲師、浪花亭綾太郎《なにわていあやたろう》の十八番「壺坂霊験記《つぼさかれいげんき》」の「妻は夫をいたわりつ　夫は妻に慕いつつ……」は見事な調子でした。こちらは残念ながら出だししか、もうできません。

講談で「寛政の三奇人」と言われたのが、林子平《はやししへい》、高山彦九郎《たかやまひこくろう》、蒲生君平《がもうくんぺい》。「親もなし、妻なし、子なし、版木なし。金もなければ死にたくもなし」というのは、六無斎《ろくむさい》と名乗った林子平の詩です。林はロシアの脅威を説いたのだけれど、それを著した『海国兵談《かいこくへいだん》』の版木を幕府に没収されてしまうのです。それで「版木なし」。要するに発禁処分をうけたわけです。講談では奇人とされましたが、なかなかの賢人なんです。「隅田川の水はテームズ川に通じている」というのはこの人の有名な言葉でしてね。わたくしのこういう知識、もとはぜんぶ講談です。

それから剣術道場の幕末三道場もよく講談に登場します。神田お玉が池の玄武館《げんぶかん》というと千葉周作《ちばしゆうさく》。北辰《ほくしん》一刀流の創始者です。八丁堀の士学館は桃井春蔵直正《ももいしゆんぞうなおまさ》。この人は当時いちばん強いと恐れられた。九段の練兵館は、斎藤弥九郎《さいとうやくろう》。桂小五郎《かつらこごろう》（木戸孝允《きどたかよし》）や品川弥二郎《しながわやじろう》など長州藩の連中が集まっていました。あり得ないと思いますが、土佐藩の坂本龍馬と桂小五郎が、この道場で一騎打ちをやっている、というような知識もまた講談本から得ました。

そんなわけで、わたくしは「少年講談」と浪花節で、日本史の基礎知識を培ったというわけです。子どものときに仕込んだ知識というのは不思議と忘れないものです。幕末の志士たちの名前も、のちに幕末を舞台にした本や史料を読むようになると、よく知る名前がやたらと出てくる。すると史実が生き生きと感じられて、じつにおもしろかった。歴史好きの根っこは、たぶんこのあたりだと思います。

下町の子どもというのは、わたくしにかぎらずそういう子が多かったのではないでしょうか。詩吟や剣舞なんかを習っている子もいました。「鞭聲粛々《べんせいしゆくしゆく》　夜河をわたる……」を知っていれば、歴史の教科書に川中島の合戦が出てきたときに、馬の鞭《むち》の音も静かに隊列をなして河をわたる上杉軍の姿がありありと頭に浮かんでくる。これが、歴史に血が通うというものです。

あれからもう七十年以上が経ちますが、脳に刻み込まれた浪曲の一節を、思い出してはふと唸るのも、なかなか乙《おつ》で気持ちがいいものです。いまでも隅田川に行くことがあれば、わたくし、ついつい「遠くチラチラ灯《あか》りがゆれるゥ〜、あれは言問《こととい》こちらを見れば……」と、三門博の「唄入り観音経」の出だしを口ずさんでおります。

浪曲を唸れることなど、ちっとも役になんか立たないと思っていましたが、ところがどっこい、社会に出たときにこの芸が役に立っちゃった。でも、これを語るのはもう少しあと。その前にお話したいのは大学時代のことです。

●ボートと青春

大学生時代、わたくしはボートの選手でした。旧制浦和高等学校時代からボート部でしたから青春時代はボート三昧と言っていい。昭和二十八年に大学をおえるまで、隅田川の上でひたすらボートを漕《こ》ぎつづけました。

隅田公園十八番地。もちろんいまは町名地番変更でこの番地はなくなってしまいましたが、かつてここに東大ボート部の艇庫があって、隣接して合宿所があった。合宿所とは名ばかりの、あばら屋にちかいような一軒家でしたが、そこにムクツケキ男どもが十四、五人寝起きをともにしていました。

毎朝目覚まし時計で起こされて、真っ黒に日焼けした顔に無精髭《ぶしょうひげ》の男どもが全員整列。隅田公園を隅から隅まで走ると、公園の鉄棒で懸垂《けんすい》を五十回。これが日課。宿舎にもどるとすぐ朝飯です。全員で真鍮《しんちゅう》の、お椀《わん》の山盛り飯をゴマ塩をかけてかっこみました。おかずはほとんどなし。終戦後ですからね。

当時、東大ボート部の選手は医学部や工学部の理科系がほとんどで、この連中がまた、クソ真面目でね。朝九時になると毎日あたりまえのように大学へ行くのです。文科系は文学部のわたくしと法学部の野郎だけでした。このふたりが残されて、顔を見合わせてどうしようか、と。学校に行ってつまらん授業を聴いても仕方ないと思っていますから、ハナから行く気はないのです。たいがいは、昼過ぎから浅草あたりへ出掛けていくことになる。界隈《かいわい》のいろんな店を冷やかして歩いていました。

浅草ではよく永井荷風《ながいかふう》を見かけました。荷風さんはいつも口をへの字に曲げて、背広にネクタイ。コウモリ傘と小振りの革のボストンバッグをもっていた。ベレー帽をかぶっているときもありました。浅草六区の映画館「浅草電気館」の裏手にあった鮨屋「大亀」、この鮨屋には看板娘の美人姉妹がいましたが、その隣に「峠」というスナックみたいな店があった。この店のカウンターで荷風と偶然、隣り合ったことがありまして、荷風さんが出ていってから、おかみさんに「あれ、荷風だよね。よく来るの？」と聞くと、ちょいちょい来ると言う。悪友と、今度この店であったら、あのつまんなさそうなジイさんを笑わしてみようじゃねえかと作戦を練った。機会はすぐに訪れました。あとから来た荷風がわたくしたちのとなりに座ったので、二人でかねて打ち合わせたとおりに漫才のような掛け合いをしたのです。けれど荷風さん、笑わなかった。けっこう面白かったと思うのですが、ついにニコリともしませんでしたね。口をへの字に曲げたまま、そそくさと出ていきました。

そんな想い出もありまして、要するに〝浅草大学〟にはたいへんお世話になった。

大作家との出会いはなにも〝浅草大学〟ばかりではありません。〝隅田川大学〟でも、人気作家の高見順《たかみじゅん》とめぐりあっています。高見さんが朝日新聞に連載した小説で、主人公がボートの選手という設定の『朝の波紋』が五所平之助《ごしょへいのすけ》監督で映画化されることになった。隅田川でOBと現役の練習試合。現役のボートがスーッとOB艇を抜いていくシーンを撮りたいということで、東大ボート部に協力の要請がかかった。フランス滞在から帰ったばかりの高峰秀子、注目の復帰作品です。池部良、岡田英次、上原謙、香川京子といった美男美女の、スター勢揃《せいぞろ》いの映画でした。

撮影は簡単に終わるものだとばかり思っていたら、何べんも撮り直しとなって、けっこうたいへんでした。そのとき原作者の高見順さんが現場に来ていて撮影終了後、吾妻橋《あづまばし》のビアホールの二階で懇親会を開いてくれた。そこにいたのは監督さんをはじめとする映画関係者、高見さん、そしてわれわれボート部です。そのとき高見さんに「半藤と申します。来年は就職となりますので、もしも出版社を受けることになりましたら、そのときはひとつよろしくお願いします」なんて調子よく挨拶をしておいたのです。

●新聞社を受け損なって

そして翌年、文藝春秋を受けたら一次に受かったものだから、この日のことを思い出した。「こうなったら神も仏もすべての力を総集合だ。そうだ、高見順だ」とばかりに面接で、「高見順先生とは知己であります、子分です」と大アピール。そのご威光かどうか、合格とあいなりました。ですから文春に入ったのはボートを漕いでいたおかげもあるのです。

でもほんとうは、雑誌記者より新聞記者になりたかった。戦争中の新聞報道は、そりゃあひどいものでしたから、あるべき報道のために尽くしたいと、青臭い正義感のようなものが少しくあったのかもしれません。

新聞社を受けるつもりでした。ところが、昭和二十七年(一九五二)の九月に、ボートの全日本選手権大会で優勝し日本一になってしまったことが運のつき。負けそうだという予想を、準決勝で調子が出てきて、決勝では見事な逆転優勝。その瞬間、応援団はみな抱き合って泣いていました。さもあらん。前の年の全日本選手権では慶應大学、一橋大学、そしてわがクルーの三校決戦で、慶大に惜しくも五十センチほどの差で優勝をさらわれていました。このレースがヘルシンキオリンピック（昭和二十七年夏開催）の日本代表を決めるレースでもあったから、この敗北がどれほど悔しいものか想像していただきたい。クルーの多くはさめざめと涙を流した。声を上げて泣いた者もいた。その雪辱を晴らしての日本一です。

ＯＢがまた大喜びに喜んで、ご祝儀を奮発してくれたりしたものですから、そのあとみんなで東大の谷川寮（群馬県水上にあった東大の宿泊施設）へ繰り出した。三日も四日もどんちゃん騒ぎをやっているあいだに、新聞社のほとんどが願書の受付を締め切っていました。水上から東京に帰って来たときに、試験が残っていたのは東京新聞、それに雑誌社の文藝春秋くらい。両方に願書を出しました。ところがなんと、試験日がおなじ日。忘れもしません。東京新聞の試験場は中央大学。文春は本郷の東京大学です。

東京新聞を受けるつもりでお茶の水に行ったのですが、駅に降りてハッと気がついた。中央大学がどこにあるのか知らなかったのです。でも東京大学ならよく知っております。時計を見たらもうギリギリ。泡を食って本郷に向かったのでした。もし、中央大学の場所を知っていたら、文春を受けずに東京新聞を受けていましたね。

●隅田川河畔に立つ石碑

余談ですが、隅田川で行われた日本初の競漕《レガツタ》は、明治十五年（一八八二）十一月二十一日、隅田川で行われた海軍競漕大会だそうです。海軍大将川村純義《かわむらすみよし》が会長で明治天皇を迎え、各軍艦の代表選手どうしで競わせた。当時の新聞記事によれば、

「陸も水も人と船にて、両岸の家々には物干《ものほし》まで桟敷《さじき》にしあれば、さながら人山を築きしが如くなりし」

とありまして、その人気沸騰ぶりがわかります。このボート競走そもそもの事始めの優勝は戦艦金剛《こんごう》チームが制して、賞金として天皇から金五十円が与えられたそうです。

その「明治天皇海軍漕艇天覧玉座阯」の碑というのが、隅田川の桜並木の入り口に立っています。ところが、だれもそれに気づかない。わたくしもあることだけは知っていたものの、きちんと碑面を正面から見たことがない。というのも、碑の正面の文字が遊歩道と真逆側の、車道の方を向いていたからです。これでは、歩いている人には分かりません。近年の河川・

道路工事の影響でこんなことになったと思われます。

若き日の夏目漱石も隅田川でボートを漕いでいました。大学予備門予科二年のとき、勉強もしないでボートを漕いで牛肉をたらふく食って遊んでいたせいで、とうとう落第してしまったと、随筆「私の経過した学生時代」に書いています。親友の中村是公《なかむらぜこう》氏はなかなかのスポーツマンで、ボート競技でチャンピオンになっていたが、私はどうしてもなれなかった、なんて悔しそうに書いている。

これが明治十八年（一八八五）のことでして、漱石は十八歳。ボートは、海軍競漕大会以来人気を呼んで広まり、隅田川では盛んにレースが行われていたというわけです。昭和三十七年（一九六二）に荒川の戸田橋にレガッタが移されるまで、隅田川はずっとボートレースの檜舞台《ひのきぶたい》でした。ですから、かつての練習場であり試合場である隅田川を懐かしく思っているかつてのボート選手が、どれほどたくさんいることか。

ところがいま隅田川の土手っぷちを歩いても、近代ボート競技がはじまったことを伝えるものが、なにも残っていない。昨年平成二十八年（二〇一六）、記念碑ぐらい残そうじゃないかということになって、ついては半藤さん、記念碑建設委員会の会長になってくれという話が舞い込んだ。

1952年、全日本選手権競漕大会。トップの艇の左から二人目が著者。

なぜわたくしに？　と聞くと、いちばん年長で元気でいて、全日本優勝という輝かしき漕歴《そうれき》の持ち主、しかも著名人。その三条件をもっているのは半藤さんだけだ、などともち上げられました。わたくしもまんざらではないから引き受けた。行政のほうでは最初、そんなものに出す金などないと冷たかったのですが、記念碑建設委員会が、隅田川で漕いだことのある高校と大学のOBに寄付を募って満額用意するからと話をしたら、話はトントン拍子に進みまして、あれよというまに建っちゃった。しかも明治天皇の記念碑の隣に、です。近くにいったらぜひ見てきていただきたい。

いや、忙しくてわざわざ見にいけない、遠すぎるのでダメだという方もおられるでしょうから、このさいです、わたくしが建設委員会会長として書いた碑文をここに書いておくことにします。厚顔無恥もいいところですが、日本のボート界のために、と大義名分を押し立てて、であります。

「春は春は桜咲く向島　ヤッコラセー

オール持つ手に花が散る……

明治初期から〝近代文化の華〟として日本のオアズマンはここで猛練習をしスポーツマンシップを鍛えあげた。河畔には艇庫が立ち並び、レースには人々が堤や橋上に参集し大声をあげた。往時の面影は全くないが、堤に立つと当時の熱狂的な応援の声がいまもなお聞えてくる。この国の大いなる発展を象徴するかのように。それを忘れないために、記念碑をこの地に建立する。」

そして碑には「会長半藤一利」と、わたくしが書いた字も彫られています。ほんとうに生涯最高の光栄と思っているのですよ。そしてこっちは隅田川のほうを真っすぐに向いております。

そうでした。すぐそばの、墨田区役所の裏の隅田堤にいちばん近寄った小さな広場には、勝海舟の銅像もありました。いわば勝っつぁんとは隣近所ということになります。やっぱり是非とも桜の花咲くころには見にいっていただきたいと願うばかりです。

最後に一言、ボートをやっていて歴史の勉強には何かためになることがあったのか。そこが大事なところかもしれません。スポーツの練習とはくる日もくる日も同じことをやっています。くり返すことが、結局、いちばん大切なのです。スポーツの醍醐《だいご》味《み》とはくり返すことに倦《あ》きないこと。あるいは何でもそうかと思いますが、ものごとの上達とはそうしていることで、ある日突然にといってもいいほど開眼して、ボートを漕ぐことが楽しくなり、艇がエッと驚くほど速く滑るように走るようになります。歴史の開眼もまた然《しか》り。どうしても不可思議としか思えないことが、倦きずにいろいろな史料を読んでいるうちに、パッとひらめくようにしてわかることがあるのです。その意味ではスポーツの練習と同じだと思います。

(二) 坂口安吾さんと伊藤正徳先生

●坂口安吾とすごした一週間

昭和二十八年の春、晴れて文藝春秋に入社することになりました。ちょうどその頃文藝春秋は昇り調子で、たいへんな人手不足だったようです。会社から電話があって、もう学校には行かなくていいのだろうから三月一日からアルバイトに来てくれと言う。べつだんやることはないし、いまと違って学生は卒業旅行などしやしません。遊ぶ金なんてないのです。稼げるならちょうどいいや、と即決了解した。

さっそく行ってみたら、もう小間使いなんてもんじゃありません。とにかく、こき使われるのです。「おーい、そこの新人！」と、わたくしを含めアルバイトに来ていた新入社員三人は休む間もなく次つぎと用を言いつけられます。あっちの漫画家にマンガを取りにいく、こっちの画家に挿絵をもらいに行く。座るヒマもないほど一日中走り回っていました。一週間が経って、「別冊文藝春秋」の編集長がわたくしたちのところにやって来た。

「このなかで酒呑《の》めるやついるか？」と聞くのです。わたくしは「はい」と手を挙げた。「呑めます。かなり強いです」と答えたら、「ちょうどいいや、おまえ群馬桐生《きりゅう》の坂口安吾のウチに行って、原稿をもらって来い」と、原稿取りを命じられました。もうでき上がっているはずだと言うのです。さいふを見たら往復の切符代くらいはある。どなたか名刺をください、と言ったら「おれの名刺をもってけ」と、名前を二本線で消してよこした。自分の名前をここに書いて渡せということだなと思いました。

桐生のその家は、地元の旧家、書上文左衛門家の母屋そのもので、ばかばかしいほど広大な家でした。安吾さん、その前々年、前年と、税金滞納で差し押さえられて国税庁とケンカしたり、睡眠薬や向精神薬を大量に服用したり、不正競輪の告訴事件を起こしヤクザに追われたりと、まあ滅茶苦茶《めちゃくちゃ》な生活ぶりで泥沼状態にあったものですから、知己《ちき》の計らいを得て、前年にこの地にやって来た。いわば隠遁《いんとん》生活をしていたわけです。わたくしが訪れたときには、安吾さんはもうすっかり落ちついていましたがね。

出て来た三千代夫人に「原稿をいただきに上がりました」というと、呼ばれてあらわれた安吾さん、「なに、原稿？　ああ、思い出した。頼まれていた」。ところが肝腎《かんじん》の原稿が一枚もできていないというのです。困りました。旅館に泊まるもちあわせがない。

「じゃあ、どうしたらいいんでしょうか」

「どうしたらいいったって、おれにもわからないよ」

わたくしは言葉をのんで立ちすくむしかありません。すると三千代さんが「あら、あんた本当の名刺じゃないじゃないの？」と名刺を見て気がついた。

「入って一週間目です。まだ試用期間なので、原稿をいただいて帰らないと入社取り消しになるかも知れません」

と、情けない顔をしてつぶやいたら、気の毒がってくれました。三千代さんが「じゃあ、ウチに泊まっていらっしゃい」と言ってくれたのです。「書くと言っているから、明日の夕方ぐらいにはでき上がっていると思うわよ」と。ところがどっこい、予想に反して来る日も来る日も原稿が上がらない。ついに一週間におよぶ長逗留《ながとうりゅう》となったのです。

その間なにをしていたかというと、昼間は『安吾捕物帖』をはじめとして安吾さんの本をつぎつぎと読んで時間をつぶし、安吾さんと映画を観にいったり、日が暮れると三千代夫人の手料理で酒を酌《く》み交わすことになりました。このとき役に立ったのが、子どもの時分に仕入れた特技、浪花節なんです。わたくしが一節《ひとふし》唸って聞かせると、坂口安吾さんが喜んでくれるのなんの。あげく、「おい、今晩もひとつ聞かせろよ」と催促する始末です。

「赤穂浪士《あこうろうし》」は、大高源吾《おおたかげんご》の両国橋もやりました。討ち入りの前夜、すす払いの竹売りに変装して吉良《きら》の屋敷を探索していた大高源吾が、両国橋で偶然、俳諧の師匠の宝井其角《たからいきかく》と出会った。そのときのやりとり。

「花も実も　こうなるものか　冬木立《ふゆこだち》」と、其角が大高源吾の落ちぶれようを詠み、「年の瀬や　水の流れと人の身は」と謡う。大高源吾は「あした待たるるその宝船《たからぶね》」と返して仇討《あだう》ちの決行をほのめかす。いいやりとりなんです。

「寛永三馬術《かんえいさんばじゅつ》」の曲垣平九郎《まがきへいくろう》は熱演しました。徳川家光《いえみつ》が芝増上寺参詣《さんけい》の帰りに愛宕山《あたごやま》の前で、騎馬のままで山頂まで駆け上がり、梅の枝を折ってくるものはいないかと言う。試みた三人がいずれも失敗したあと、八十六段もある石段を曲垣平九郎が一気に駆け上がる。「タッタッタッタ……、トゥトゥトゥ……と駆け上ったッ」なんて、わたくし身振り手振りでやりましたなあ、酒をガブガブ呑みながら。安吾さんを前にもてる芸はすべて披露したのではなかったかしら。

翌朝になると、安吾さんが起きてくるのをつかまえて聞く。「先生、いかがでしょうか」「あ、もう少しだ。また今晩も泊まっていけ」で、また一晩。いま思えば安吾さん、このとき体調も良くなっていた。けれど、桐生くんだりまで知人も編集者もだれも訪ねては来ないから、退屈で淋《さび》しくてしょうがないというタイミングだったのかもしれません。三千代夫人がのちに書いた『クラクラ日記』にそう書かれています。こうして毎晩わたくしは珍芸を披露しましたが、安吾さんは歴史の話を山ほどしてくれました。日本の歴史講義です。

ちょうど地方紙で連載していた『信長』が書き上がったころで、頭のなかには戦国時代の話がかなりつまっていたのでしょう。信長の鉄砲三段撃ちはいかにウソか、なんて話もしてくれた。

「いいか、きみは講談が好きらしいから、長篠《ながしの》の三段撃ちは知っているな」

「はい、知っています、知っています」

「あれは嘘だ。長篠に行ったことがあるか？　行ったらわかるが、陣と陣のあいだには小さい川が流れているだけ。信長の陣まで馬ならあっというまに迫ることができる。三段撃ちなんかやっているヒマはないのだ」と安吾さん、断言していました。

●安吾と天皇と愛国心

わたくしとて安吾さんの有名な『堕落論《だらくろん》』くらいは読んでいました。たしか昭和二十三年（一九四八）の夏休みだったと思います。

「堕《お》ちよ、人間は堕ちて初めて本物の人間になる」というなにやら少しばかりハッタリめいた言葉よりも、当時のわたくしには、天皇と天皇制について論じているところのほうに衝撃を受けました。

たとえば「天皇制に就いても、極めて日本的な政治的作品を見るのである。天皇制は天皇によって生み出されたものではない」とか、「天皇は時に自ら陰謀を起したこともあるけれども、概して何もしておらず、その陰謀は常に成功のためしがなく、島流しとなったり、山奥へ逃げたり、そして結局常に政治的理由によってその存立を認められてきた」なんていう鋭い指摘はまさにそのとおりと思った。

幕府を倒してみずから親政をやろうとした後白河法皇《ごしらかわほうおう》、後鳥羽上皇《ごとばじょうこう》、後醍醐天皇《ごだいごてんのう》、いずれも成功したためしがない。要するに天皇が政治に関与するとロクなことはないという。

「〔天皇は〕社会的に忘れた時にすら政治的に担ぎだされてくるのであって、その存立の政治的理由はいわば政治家達の嗅覚によるもので、彼等は日本人の性癖を洞察し、その性癖の中に天皇制を発見していた。それは天皇家に限るものではない。代わり得るものならば孔子《こうし》家でも釈迦《しゃか》家でもレーニン家でも構わなかった。ただ代わり得なかっただけである」

これにはぶったまげました。現人神《あらひとがみ》としてこれまでただ最敬礼するのみであった天皇陛下。しかしその存在は、政治的都合によって表に出たり引っ込んだり、力をもったり無力になったりしたのだという指摘には、目からウロコが落ちた気がしました。歴史の面白さも感じました。いまでは常識的に読めるかもしれないが、敗戦後の万事ぐちゃぐちゃな当時にあっては、驚くべき洞察でありました。安吾さん、つづけていわく。

「彼等は本能的な実質主義者であり、自分の一生が愉しければ良かったし、そのくせ朝儀を盛大にして天皇を拝賀する奇妙な形式が大好きで、満足していた。天皇を拝むことが、自分自身の威厳を示し、又、自ら威厳を感じる手段でもあったのである」

彼等とは、政治閥、軍閥、官僚閥など、それぞれの分野で利益を共有するお仲間の集団。明治以後の軍事、政治の権力者たちのことです。たとえば陸軍は長州《ちょうしゅう》藩出身者の仲間、親類縁者、子々孫々がながくその組織を牛耳っていました。海軍は薩摩《さつま》閥が強かった。軍の力を背景にして、政治や官僚の分野でも同様に「閥」が、戦争が終わるまで権力を離さなかった。その構造の頂点に天皇を置いたというわけです。

「なるほど、なるほど」と感服していたものですから、本人から直接天皇論を聞くことができたことは、ほんとうに忘れ難い思い出です。天皇の存在が、日本人にとって、そしてこれからの日本という国にとって何であるかということを、日本人一人ひとりがしっかりと考えなくてはならないと盛んに言っていました。

安吾さんが戦後すぐに取りあげた日本人と天皇制の関係、いわゆる天皇論の議論は、いまも新しいとわたくしは思っています。いや新しいではなく、緊急のテーマと言ったほうがいいかもしれません。「憲法改正」議論に併行して、天皇制をまたもや利用するやりかたが復活しているように見えるからです。いまふたたび天皇をかつぎ出そうという兆候について、じつは当の天皇家自身がもっとも直感的に感じとり、その動向に注意をはたらかせている。昭和前期の歴史への洞察、現憲法がさだめる象徴のあり方を追求するという天皇の姿に、天皇を戦前にもどすような動きへの危機感が、にがにがしく滲《にじ》んでいるようにも思えます。

さて、安吾さんは、日本国についてどう思っていたのか。

昭和二十六年（一九五一）十二月発行の『新潮』に寄せた随筆「風流」に、じつに素直に書かれているので、これはぜひ紹介したい。

「私は日本が戦争に負けるまで、自分がこれほど日本を愛しているということを知らなかった。

国やぶれて山河あり、とはまさしく私の感慨でもあったが、八月十五日に敗戦を確認したとき、それが四年前の十二月八日（註・太平洋戦争開戦の日）から確信していた当然の帰結であったにも拘《かかわ》らず、

『日本が本当によい国になるのは、これからだ』

という溢《あふ》れたつ希望と共に、祖国によせる思いもよらなかった愛情がこみあげてきて、こ

まった。もとよりそのような愛情がこみあげてきたところで、私にどうする当てがあるわけでもない。

ただ、私がそのころ信じることができたのは、当分の年月、餓鬼と絶望と無法と混乱の暗黒時代がうちつづくにしても、この惨たる焼土から『自然に』正しい芽が生れない筈はないということだった」


いわゆるイデオロギー的な愛国精神なんかではない、安吾さんの純粋な愛国心が溢れ出ているいい文章だと思います。これが書かれて六十六年目になるいま、日本は、果たして〝本当によい国〟になっているのかどうか、今どうにも気に掛かります。

●歴史探偵術を伝授された夜

余計な談義に少々うつつを抜かしました。桐生の安吾邸にもどります。天皇に関連して、安吾さんが聞かせてくれた「大化の改新とは何であったのか」という話はなかでも凄かった。これも記憶をたどって、話を再現してみることにします。

安吾さんはコップの冷や酒をぐびぐびやりながら言う。

「『大化の改新』というのは蘇我《そが》の悪政をただすための、政権奪取のクーデターなんかではなかった。皇極《こうぎょく》天皇の子の中大兄皇子《なかのおおえのおうじ》が、知恵者の藤原鎌足《ふじわらのかまたり》と組んで、蘇我天皇家を倒すという武力革命だったとみるべきなんだな」

わたくしは呆気《あっけ》にとられて反論します。

「でも坂口先生、蘇我天皇なんて、史上に存在しないじゃありませんか」と。

「もちろん、書かれたものとしては存在しない。なぜなら、聖徳太子と蘇我馬子が共同編録したといわれる『天皇記』『国記』、『氏族本記』（臣連伴造国造百八十部并公民等本記）のほとんどが、この革命のときに燃やされてしまったからな。『日本書紀』は、それらを蘇我氏が焼いたと書いているが、違うねえ。むしろ中大兄皇子と鎌足たちが目の色をかえて探し出し、徹底的に消滅させたに違いない。勝者というのは、いつの時代でもそういうことをするものなんだ。自分たちの革命を正当化するために。そう見るのが正しい歴史眼さ」

そう言って、安吾さんは何度もうなずいた。

「たしかに、考えてみれば『天皇記』『国記』という最高文書が、蘇我家にしかなかったはずは、ないですねえ」

「よしッ、いいぞ。青年よ、いいところに気がついた」

安吾さんは、我が意を得たりとご機嫌になって、書庫から八世紀のはじめごろに書かれたとみられる『上宮聖徳法王帝説《じょうぐうしょうとくほうおうていせつ》』の岩波文庫版をもってきた。「いいかい？」とこの文献のある部分を指さして示します。それは西暦六四三年に、蘇我入鹿《いるか》が聖徳太子の子の山背大兄王《やましろのおおえのおう》とその一族を殺害した記事でした。

「飛鳥天皇御世、癸卯年十月十四日に、蘇我豊浦毛人大臣の児・入鹿臣□□林太郎。伊加留加宮にいましし山代大兄及び昆弟（昆は兄の意）等、合せて十五王子ことごとく滅ぼす也」

また、その入鹿が殺された六四五年の記事はこうある。

「□□□天皇御世、乙巳年六月十一日に、近江天皇、林太郎□□を殺し、明日を以て其の父豊浦大臣子孫を皆滅ぼす」

二つの記事にある□の部分は欠字になっています。安吾さんは、これは虫食いなどではなく意図的な欠字だと言うのです。また、こう言って笑いました。

「ははだいわくありげなところが欠字になっておるな、ハ、ハ、ハ……」

飛鳥天皇とは皇極天皇のこと、近江天皇はのちの天智天皇、林太郎とは蘇我入鹿です。安吾さんはさらにぐびぐびやりながら自らの推理を語りだした。

「さて、前の〝入鹿臣□□林太郎〟の欠字だがね、ここには天皇か、大王か、皇帝か、それに類する語を入れて読んでみる。あとの〝□□□天皇御世〟の欠字には林太郎、そして、〝林太郎□□を殺し〟には天皇か大王を入れて読む。つまり、山背大兄王らを殺すとともに、蘇我氏は間違いなく天皇位につき、民衆もそれを認めるにやぶさかでなかった存在とオレは解するんだな。私製の一人決めの天皇じゃ、こんな書き方をされるはずがない」

圧倒的な自信をみなぎらせて語ってくれたこの説は、大学を卒業したばっかりのぼんくら頭にもガーンと響きました。

「『古事記』や『日本書紀』など、天武《てんむ》天皇と持統《じとう》天皇が、自分たちの天下とりを正当化するために書いたものだよ。そんな書物だけを歴史と考えるのは大間違いだ」と安吾さんはつけ加えた。

安吾さんの推理によれば、蘇我親子は逆賊などではなく、天皇を称したばかりでなく、民衆もそれを認める大きな存在であった。そして皇極天皇一族と国権を二分して対立し、強権で皇極天皇派を圧倒しようとしたばかりに逆に殺されたのである。

なるほど、大化の改新はやはり革命だったのであろうなと、わたくしも大いに納得したのです。そこで質問。

「では、坂口先生、文献と文献が合わないときはどうするのですか?」

するとと安吾さん、

「そういうことには山ほど出会う。それらのあいだをつなぐのはなにか。常識的に、そして自分の知識を総動員して、考えに考えてつなげるんだ。日本の古代史は探偵小説みたいなものさ。ごく常識的に推理するんだ。だから記紀の記述だけを史実だときめこんで、簡単に判定して、しかもそれに疑いをもたない探偵なんて、信ずるに足らん愚物なんだよ」

そういって呵々大笑《かかたいしよう》した。安吾流、歴史探偵術を伝授された晩でした。そしてわたくしは勝手に許可も得ないで「歴史探偵」弟子入りを決めたのでした。

●七日ぶりに社に戻り

そんなこんなの七日目、たしか夕方のこと。編集長から安吾邸に電話が入りました。

どうやら母親が、一週間も帰って来ない息子を案じて、恐る恐る会社に電話をしたらしいのです。あとで聞いたら「半藤？　そんな社員いないけど」と電話の相手は言ったそうです。ひどいもんです。母がおったまげて、「息子は文藝春秋に入ったと言って、毎日出かけていたのですが」と言うと、「おい、半藤っていう新入社員、いたっけ？　あっ、桐生の坂口安吾のところだ」とようやく思い出した。というわけで、慌てて電話をかけてきた。

「バカもんッ！　おまえは何をしているんだ。いっぺんくらい連絡するもんだ」と怒鳴られました。いまの人には想像すらできないかもしれませんが、この時代、地方の電話は直通ではなかったのです。交換台が入るから、相手先にいつつながるのかわからない。一時間待つか二時間待つか、もっと待つのか。料金がいくらかかるのかがわからない。ですからおいそれと、他人様の電話を借りるわけにはいかなかったという、わたくしなりの事情があったので連絡しなかったのです。

「原稿ができてない？　もういい、とにかく早く帰ってこいッ」と命じられました。わたくしはすっかりしょげかえり、安吾さんに「原稿ができてもできてなくても明日帰ります」と言いました。「採用は取り消しになるかもしれませんが」と。

その翌朝、「これは昨日一晩で書いたのよ」と、三千代夫人が四十枚の小説の半分を渡してくれました。斎藤道三を描いた「梟雄《きゆうゆう》」という短編小説でした。「残りの半分は、向島の実家に帰る用事があるので、明日の午後、浅草駅でお渡しするわ。今度はだいじょうぶ。書きはじめたら早いんですから」。

三千代夫人の顔が観音様のように見えました。

そういえば昼間、三千代夫人とふたりで碁を打ったりしていると、ドテラを着流した安吾さん、上からダダダダダと階段を駆け降りてきて、わざわざ碁盤の上をまたいで便所に行ったこともありました。ドテラの裾で碁石を蹴散らしていくのですヨ。すると三千代さん、「焼き餅を焼いているのよ」なんて言って、「ふふふ」と笑ってましたっけ。

さて、こうしてようやく書き下ろし短編小説四十枚を取って編集部に行くと、すげなく「とっくに校了したよ」と編集長。そして隣の編集部に、原稿用紙の束をビラビラと掲げながら「おい、本誌よ、安吾の原稿いるゥ?」などと聞いている。「おお、いる、いる」と返事。わたくしの両肩は、このときガックリと落ちたのではなかったか。「梟雄」はわたくしの頭の上を、右から左へスゥーッと通り過ぎていき、昭和二十八年(一九五三)六月発売の「文藝春秋」に掲載されています。

さて、この一週間のおかげで、わたくしのインチキ講談歴史も、安吾流の探偵術で見直すとおもしろいやと思いましてね。いずれ将来、安吾張りの歴史小説家なり講談作家になるのも悪くないな、などと思うようになっていました。ところがどっこい伊藤正徳《いとうまさのり》さんの担当になって、そういうわけにはいかなくなってしまったのです。

●伊藤正徳をアシストして

伊藤正徳さんは、戦前から時事新報の海軍記者として活躍しておられた人です。一九二一～二二年（大正十～十一）のワシントン会議での、米英日の主力艦の保有比率を「五・五・三」にするというアメリカの提案をすっぱぬく、世界的なスクープをものにしてもいる。

戦後も時事新報社長、産経新聞論説主幹などをつとめ、そのいっぽう昭和三十年からは『連合艦隊の最後』をはじめとする戦記ものを書き続けてきたジャーナリスト。最後の海軍記者と呼ばれた人でした。

はじめてお会いしたのは、『連合艦隊の最後』につづく『大海軍を想う』という連載を産経新聞ではじめようとしていた頃のことです。わたくしは入社二年目で文藝春秋本誌から出版部に異動になって、伊藤さんの担当になりました。「これはおもしろい人とぶつかったぞ」とワクワクしたことをおぼえています。それ以降、『軍閥興亡史』『帝国陸軍の最後』、遺作の『連合艦隊の栄光』にいたるまでおつき合いすることになる。

伊藤正徳（1889〜1962）

軍部の内部事情など何も知らなかったわたくしに、大手町の産経新聞にあった編集主幹室で伊藤さんは、ときに二時間も三時間も、いろんな話をしてくれました。たとえば日露戦争の勝敗を決した日本海海戦の、巷間《こうかん》語られたストーリーがいかに虚飾に満ちたものであったか。そして昭和の海軍は一枚岩などでなく、条約派と艦隊派がいがみ合っていたこと。陸軍内では皇道派と統制派が激しく対立していたこと。政治干渉やら統帥権のことなどなど。わたくしは伊藤さんからたっぷりと仕込まれたのです。

一連の作品は産経新聞の連載なのですから、産経の記者が助手につけばいいようなものの、なぜかついていませんでした。しばらくすると「半藤くん、手、空いてる？」などと聞かれるようになりましてね。「わたしの代わりに、これこれの元提《てい》督《とく》のもとに行き、会って話を聞いて来てくれ」と頼まれるようになりました。交渉は伊藤さんが電話ですませていましたから、わたくしは伊藤さんの名刺と添え書きをもって、海軍や陸軍の生き残りの提督や将軍に会いにいく。話を聞いたらそれをレポートにまとめて伊藤さんにもっていくのです。

取材原稿を読んだ伊藤さんから、「半藤くん、これ使えないわ」と、はじめのころはよくダメを出されました。なぜなら「その人物は、このときこの立場には居ない人だ。さも居たようにきみにしゃべっている」というわけです。思えばずいぶんいろんな人からいいかげんな話を聞かされました。海軍の提督も陸軍の将官も、どれほど自分に都合のいいウソばかりついたことか。自慢話や弁解ばかりを語りたがり、悪いことは人に責任を押しつけます。悪意というよりそう信じ込んでいるように感じました。責任者たちがなんら責任を感じていないというのが不思議なくらいでした。

いずれにしても、伊藤さんにダメをだされて骨身《ほねみ》に沁《し》みてわかった。取材というものは、こちらにある程度の知識がないと、相手にウソを言われてもわからないということが。

このままでは太刀《たち》打ちできないと思って、昭和三十一年（一九五六）の夏ごろから、昭和史や太平洋戦争についての猛勉強をはじめたのです。この時代、回想録はぼつぼつ出始めていましたが、ちゃんとした研究書やノンフィクション作品などは、まだほとんどありませんでしたから勉強はたいへんでした。文献をさがし、人に会い、話を聞いて年譜をつくる。それをくり返しました。安吾流の歴史探偵術が役に立ちました。

会いに行く前に勉強しておくと、かなり突っ込んだ話も聞けるようになっていきました。おもしろいもので、ひと通り先方の話を聞かないと相手は大事なことを決してしゃべりません。異論を差し挟《はさ》むのは、「さきほどこういう話がでましたが、わたくしが見た史料によれば、これはちょっと違うのでは?」という具合に、相手に話したいだけ話させたあとにしました。慎重にもちださないと、怒りだす人も少なくなかったのです。難しい呼吸でしたが、場《ば》数《かず》を踏むごとに聞くコツを覚えていきました。

この時代に取材で会った人びとの名刺が、分厚い名刺ホルダーに入ってわたくしの手元に残っております。これはわたくしの宝です。二・二六事件の関係者や、戦艦大和をつくった人、真珠湾攻撃の戦闘機乗り、中枢にいた軍官僚たち。そして亡くなった人たちの遺族。こういう生き証人に会うには、まさにギリギリのタイミングでした。嶋田繁太郎《しまだしげたろう》、小沢治三郎《おざわじさぶろう》、池田純久《いけだすみひさ》、稲葉正夫《いなばまさお》、牟田口廉也《むたぐちれんや》、福留繁《ふくとめしげる》、淵田美津雄《ふちだみつお》、渡辺安治などなど。このあとみなさん、あっというまにあの世に行ってしまいましたから。

かくて安吾さんから歴史の見方を学び、伊藤さんと出会ったことで太平洋戦争や昭和史を自分なりの視点で調べ、考察することになっていったのです。

●『日本のいちばん長い日』誕生前夜

伊藤さんの手伝いをしているうちに昭和史はおもしろいということが、よくよくわかってきましたから、仕事とはべつに、興味をもってくれた文藝春秋の社員数人と「太平洋戦争を勉強する会」という名の部会を立ち上げた。部員はいちばん多いときで十人くらい。たしか五年ほど続いたと記憶しています。

当時、部活動には会社から少々補助金が出ました。そこで、これはという人物に、会いに行っては話を聞いてくるという活動を開始した。会社からの補助金は、取材に応じてくれた人への謝礼に当てました。

ところが昭和三十四年（一九五九）に急遽《きよ》、「週刊文春」の創刊が決まり、わたくしも出版局からそちらへ異動になってしまう。まだまだ社員数の少ない時代ですから、やたらめったら忙しくなって、太平洋戦争の取材などまったくできなくなってしまったのです。困ったな、と考えているうちに、「こっちから取材に行けないから、会社に呼ぼうじゃないか」と言い出した者がおりまして、そりゃ、いい考えだ、そうしようと。ひと月にいっぺんか、ふた月にいっぺんくらいだったでしょうか。土曜日の午後に会議室を借りて、陸海軍の元佐官や元将官においで願って話を聞きました。結構、承知してくれる人が多かった。近所の飲み屋に連れていって話を聞いたこともあります。

軍部の内部構造について門外不出の秘話であるとか、日中戦争や太平洋戦争のなかの、エポックメイキングとなった出来事の裏話であるとか、貴重な証言をたくさん聞くことができました。

そういえば当時、「海軍はなぜあんなにナチスドイツに傾斜してしまったのですか？」と、これは何人かに聞いたのですが、「どうしてだろうねえ」などとみなさん口を濁していました。長らくこれが謎だったのですが、この十数年のち、ある取材で元海軍中佐がペロっとしゃべった。「あれはハニートラップにかかっちゃったんだよ」と。

駐在武官としてドイツに滞在しているあいだナチスは美人のメイドを日本の海軍さんに派遣して来たそうな。それでいつの間にかナチスの色仕掛けに籠絡され、気がつけばナチスびいきになっていたというわけです。

海軍は所帯が小さいせいもあって、「これはしゃべるまい」と決めたことについては、みんながしゃべらない。その証拠に海軍の人をひとり怒らせると、そのことがたちまち伝わり、つぎつぎと取材拒否にあってしまう。結束の固さを感じました。陸軍の場合、そういうことはなかったですね。

さて、そのいっぽう本業「週刊文春」でのこと。

「半藤、おまえは太平洋戦争のことを調べ歩いているようだから、それをつかって連載をやれよ」と編集長に命じられ、昭和三十五年（一九六〇）一月のトップ号から、人物ルポ、「人物太平洋戦争」という連載をはじめることになりました。二十人目が書き終わったところで今度は月刊「文藝春秋」への異動が決まるのですが、「週刊文春」の編集長が「あとの連載の準備ができるまで、このまま週刊誌の連載もつづけてやってろ」と命じてきました。あいも変わらず人使いの荒いことといったらありません。

そんなわけで、「文藝春秋」の仕事をしながら、「週刊文春」の連載もしばらく書いていたのです。

二十六人が書き終わったところでようやくお役御免となりました。この連載は、伊藤さんに監修者になっていただき、一冊の本『人物太平洋戦争』（一九六一年、文藝春秋新社刊）になっています。

わたくしは取材をつうじて、戦争の真《ま》っ只中《ただなか》にいた人たちから、涙ぐましい話をずいぶん聞かせてもらいました。その部下の人びともふくめてたいへんな苦労があったことに、なんとかして光を当てたい。そう思ってつづけた連載でしたから、本になったときはうれしかった。「伊藤正徳監修　週刊文春編集部編」とクレジットされていますが、これが本当のわたくしの処女作です。

伊藤さんは序文として「監修者の私記」を寄せてくれました。わざわざわたくしの名前を記してくれている。その部分を引きます。

「週刊文春の担当記者半藤一利君が、その企画を懐ろにして、私に監修を頼みに来たのは、昨年（註・昭和三十五年）十二月のことであった、私は即座に賛成した。それは、私が著作の中で果し得なかった欠陥を補うものであるし、また太平洋戦争の裏面を国民に知らせるための好個の企てであると信じたからだ」

さらに、こうも書いてくれている。

「底辺からも真人物を求めて描き出したところに特色と価値とを認める。それは、同じ年輩で戦場に散った人々への間接の供養にもなろう」

その翌年、喉頭がんで病床にあった伊藤さんをお見舞いにいくと、書棚の『人物太平洋戦争』を指さして、「半藤くん、いい仕事をしたね。もったいないからこのまま研究をつづけなさい」と擦《かす》れる声で言われました。わたくしの耳には「後につづくを信ず」という意味に聞こえた。そして伊藤さんは、こうも言いました。

「あの戦争をよく知らずにいたら、日本人はまた間違いを犯しかねない」。

その言葉を伊藤さんの遺言と思い「はい」と返事をしたことをおぼえています。これが昭和三十七年（一九六二）のことです。

(三)『日本のいちばん長い日』のこと

●運命の大座談会

「文藝春秋」誌の、初の大座談会は、「オリンピックの英雄たち」という企画でした。わたくしのこの企画が掲載されたのは、翌年に東京オリンピックを控えた昭和三十八年（一九六三）の七月号です。その導入部には講談風にハリセンを一発、パシッと叩《たた》いたような調子でこうあります。

「日本が初参加したストックホルムから東京まで五十年。汗と涙にぬれた激闘のかげには、感動の物語が夜空の星のように輝いている。往年の大選手が一堂に会して回想する名場面の数々。そこからスポーツの、というよりも、人生の教訓が、強く胸に迫ってくる」

登場したのは『人物太平洋戦争』と奇《く》しくも同人数の二十六人でした。昭和七年（一九三二）のロサンゼルスオリンピックで陸上男子三段跳び金メダリストの南部忠平、「フジヤマのトビウオ」と世界から賞賛された水泳選手の古橋廣之進《ふるはしひろのしん》、昭和十一年（一九三六）のベルリンオリンピックで日本人女性として初めて金メダリストとなった前畑秀子《まえはたひでこ》さんなど。名選手の名前がズラッと目次に並んでいます。ドイツの選手とデッドヒートになった決勝戦で、「前畑ガンバレ、前畑ガンバレ」と実況したアナウンサー、河西三省さんも来てくれました。

いまだから話せる裏話をします。「そんなにたくさん集めたら、座談会なんか成立しないよ」とまわりから心配されて、「やっぱり無理かな」とわたくしも弱気になった。それでじっさいは、オリンピックごとに、少人数での座談会をやって、それをさもみんなが一堂に会したように構成したのでした。ですから、「大座談会」の看板は少々偽りあり、でした。

しかしこれが評判を呼んだものですから、次号でもつづけて大座談会企画をやろうじゃないかという話になった。

翌月。こんどは、さまざまな立場で戦争を体験し終戦を迎えた三十人が一堂に会して終戦について語り合う、大座談会「日本のいちばん長い日」を掲載しようということになるのです。なるべく地理的スケールを大きくとって、東京、横浜、江田島《えだじま》、佐世保、沖縄、中国、ビルマ、フィリピン、ラバウル、モスクワ、ストックホルム、テキサスまでを網にかける。なおかつ政治や軍部の中枢にいた人、一兵卒として前線の戦地にいた人、捕虜収容所や監獄にいた人、銃後の人びとまで。上から下まで幅広い層から集めようと思いました。

話は、ポツダム宣言が発せられた昭和二十年（一九四五）七月二十六日からはじめて、八月六日の広島への原爆投下、八月九日のソ連参戦と長崎への原爆投下、御前会議が開かれた八月九日から十四日までの出来事、そして八月十五日の玉音放送まで。時間の流れを中心軸において、終戦に至る時間のそれぞれの体験談を語ってもらうことにしたのです。となると、オリンピックとちがってグループわけした分散取材は難しい。

料亭の広い座敷にそれだけの大人数が集まると、あちこちで私語がかわされて座談会が成立しないのではないかと、このときもまた危惧されたのですが、わたくしは危険を承知で、思い切ってやってみようと覚悟を決めた。

人選も任されました。出席依頼をはじめると、八月十五日未明のクーデター未遂事件を起こした近衛師団《このえしだん》関係者は軒並み断ってきましたが、それ以外は元首相の吉田茂《よしだしげる》を含めてほとんどが快諾でした。もっとも吉田茂と、座談当時北海道知事をしていた町村金五《まちむらきんご》は用事ができて欠席となり、後日誌上参加となったので、当日実際に集まったのは二十八人です。

築地の料亭、なだ万の大広間のど真ん中に司会役のわたくしが座り、わたくしを取り囲むかたちでコの字に二十八人が並びました。壮観でした。

全員の注目を浴びつつ、冒頭わたくしはこんな数字を紹介することからはじめました。

「十八年前の八月十五日。この敗北の日を外地で迎えたもの三百五十万人、本土で軍人として迎えたもの三百七十万人、そのほか数千万人の民衆、そのひとりひとりがこの日を想い起こすとき、それぞれの感慨があることでしょう。いまこの日を想起するのは、こんどの戦争で死んだ三百十万人以上の同胞のことを忘れないためなのであります」

うそ偽りのない本心でした。そして座談がはじまりました。

すると編集部の心配をよそに、みなさんじっと黙って発言者の話に熱心に耳を傾けているではありませんか。私語はもちろん、ヤジを飛ばしたり、オチャラケを口にする人とてありません。まさかの事実を知らされて、「ええッ！　あのときそんなことがあったのですか？」などと驚いて聞き返している人もいました。終わったときには三時間が経っていた。その間、みなさんお茶だけ。食事を供《きょう》したのは座談終了後でした。

わたくしは出席者たちの様子を見て、「そうか、ぼくら中学生だったものが知らない以上に、当時の大人たちも終戦の具体的事情についてはよく知らないのだな」と、つくづく感じ入ったことをおぼえています。

●終戦経緯、本格取材開始

さて、雑誌用に原稿をまとめる場合は、ページ数の都合上、捨てるには惜しい話もバサバサとカットして、要領よく簡潔にまとめざるを得ません。それでも終戦の知られざるエピソードを満載したこの大座談会は、「オリンピックの英雄たち」をしのぐ反響を呼んだのです。そのことから、わたくしは次のような確信を得ました。

みんなが、終戦の当時の記憶をあんなにたくさん腹に収めている。まともに聞いたら、貴重な証言をもっともっと得ることができるに違いない。なにより、それを多くの日本人が知りたがっている、と。

戦争の生き証人たちがこの世からいなくなってしまう前に、きちんとしたものを残しておかないといけない、そんな使命感が生まれていたこともまた、事実でした。

このあとわたくしは間をおかず、「太平洋戦争を勉強する会」の会合で、少し手を拡《ひろ》げて記録を残そうと提案しました。「おもしろそうじゃないか、やろう、やろう」ということになり、わたくしたちは手紙を出しては、会って話を聞いて来る、ということを続けたのです。

じつはこのとき、今後の取材テーマを開戦の経緯にするか、終戦の経過にするかで議論になった。

開戦時は日本人が熱狂しているから、話が画一化されて変化に乏しいかもしれない。終戦のほうはそれぞれにいろいろな戦争の体験が積み重なっているし、国家や天皇、軍や戦争など思うところが深くなっているはず。その意味では複雑だし、幅が広い。日本人とは何かを知るためにも、やはり終戦がいいだろうということになりました。

宮内庁やNHK、陸軍、海軍と分担を決めて総がかりではじめると、興味深い話がボンボン出て来る。まとめ役はわたくしが一手に引き受けて、原稿化を進めていくうちに、これは本になりそうだと欲が出て来た。そんなある日、出版局長から「ちょっと来い」と声がかかりました。呼ばれて行くと、「お前たち、ほうぼうで終戦の話を聞き歩いているらしいじゃないか」と言う。「あれは文春から本にするつもりですか？　なんて、オレのところに問い合わせがあったぞ」と。好機到来、とばかりに途中まで書いた原稿を局長に手渡しました。

後日再び呼ばれて行くと、「おもしろい。七月にウチから出す」と言うのです。それが三月ぐらいでしたか。これで、グンと弾みがつきました。

その年、昭和四十年（一九六五）は戦後二十年の節目の年でもありました。わたくしは「文藝春秋」本誌のデスクをやっていましたから、本業だけでも目が回るほどの忙しさです。でも終戦本の刊行日は七月下旬と決められている。くたびれた身体にむち打って、毎朝四時起きで出社時間ギリギリまで原稿用紙の升目をシコシコと埋めていました。土日はかきいれ時で、丸々取材と執筆に当ててました。自分の時間などまったくありません。

初夏の朝、机に向かっていると、日一日と夜明けが早まってくるのがよくわかりました。「外には朝がそっと忍びよっているかのようであった。暗黒が濃灰に変わり、さらに灰色から深い青色へと、空にはゆるやかな転換が行われている」と、そんなふうに実際に目にしている景色を本文に書き入れたのを思い出します。

タイトルは雑誌の座談会企画と同様、『日本のいちばん長い日』に決定。原稿もでき上がっていよいよ出版という段となって、さて著者名をどうするかという話になった。「太平洋戦争を勉強する会」ではダメですかと言ったら、局長が「長すぎる」と一蹴。だれかが「戦史研究会ではどうですか」と提案したら「それじゃ売れないな」とこれもダメ。そこで、はじめて大宅《おおや》壮一《そういち》の名前を借りることになったのです。大宅さんは当代一の売れっ子ジャーナリスト。序文だけでも大宅さんにいただこうとお願いをしましたが、書く時間はないと言われ、話を聞いてこちらでまとめました。

さて問題は、印税です。著者に出版社が支払う著作権の使用料をどうするか。社員が書いた本の印税の規約がなにもなかった。「そういうわけだから、いっそのこと印税なしでいいよな」と局長から言われてしまい、イチもニもなく了承させられた。さすがに気の毒だと思ったのか、著作権のうち映画化権など出版以外の権利だけはくれました。

●増刷を重ね、ついに映画に

本は、発売されると期待どおりのヒットとなって、増刷に増刷を重ねました。すると文士劇が飛びついた。

文士劇とは流行作家らによるお芝居のこと。作家が役者に扮して舞台で演じるのです。明治の中ごろから始まると、これが人気を呼んで、毎年人気作家の〝名演〟が客を集めたようです。昭和になってから文藝春秋が主催するようになり、戦後は昭和二十七年（一九五二）にはじまって昭和五十二年（一九七七）までつづいています。この文士劇が『日本のいちばん長い日』を舞台にしようというのです。

このとき、割腹をした陸相の阿南惟幾《あなみこれちか》を、たしか山岡荘八《やまおかそうはち》さんが演じたのではなかったか。素人劇ながら、これが感動を呼んだ。たまたまこの舞台を見ていた東宝の映画プロデューサーが「これは映画になるぞ」と確信したらしいのです。

岡本喜八《おかもときはち》監督で映画化したいとオファーが入っただけでなく、映像化のためのさまざまな考証役も引き受けてほしいと言ってきた。もちろん喜んで引き受けました。台本制作から撮影にいたるまで、ずいぶん手伝いました。

本の出版から二年後、昭和四十二年（一九六七）八月に封切られると、これが大当たりに当たってしまった。東宝からわが「戦史研究会」あてに、ビックリするような大金が入っちゃった。部会で何度か呑んで大騒ぎをして、余ったお金はさる戦争関係の団体に寄付したのを覚えています。

そして『日本のいちばん長い日』は、文士劇と映画だけで終わりにはならなかった。今度は新国劇が、コマ劇場で舞台にしたいと言ってきました。辰巳《たつみ》柳太郎《りゅうたろう》と島田《しまだ》正吾《しょうご》の二枚看板が健在の時代です。

初日を控えた総見で、原作者のわたくしたちをはじめ関係者が招待されたときのことはいまも忘れられません。招待客のなかには、宮廷クーデター未遂事件を起こした将校たちの、いわば親分格とも言うべき陸軍省の元軍務官僚もおりましたから、幕が開く前に「おひさしぶりです」なんて挨拶を交わしました。

芝居がはねて劇場から出ていくと、陸軍省軍事課員の井田《いだ》正孝《まさたか》元中佐と、軍事課長だった荒尾《あらお》興功《おきかつ》元大佐が言葉を交わしながら歩いているのです。すぐ後ろをわたくしが歩いていることに気づかず。

「例のことは、やっぱり出なかったね」と荒尾が言うと、「あれだけは、ぜったい出ませんよ」と井田がそう答えている。

それを偶然聞いたわたくしは驚いた。この二人には幾度も幾度も会って、どれだけ長時間話を聞いたことであったか。

「ちょっと井田さん、井田さん。いったいなにが出なかったのですか？　まだ隠していることがあるのですか？」。小走りに二人の前にまわって聞きました。

「あっ、半藤くん、聞いていたの？」

一瞬、井田は呆気《あっけ》にとられたような表情を見せましたが、「いやいや、なんでもないよ」などと苦笑いしてごまかしました。

宮廷クーデター未遂事件の裏側には、陸軍上層部が最後まで隠し通したことがあった。まだ隠されていることがある。今もわたくしはそう思っています。

●その後の『日本のいちばん長い日』

そういえば出版の直前、もう本が印刷にかかっている最中に新情報が飛び込んできたこともありました。天皇の玉音放送を録音したレコード盤を奪い取ることで、天皇による終戦の告知を阻止しようとして起こした事件、いわゆる録音版奪取事件について信頼できる筋からの新情報でした。

クーデターの蹶起《けつき》に同意しない森赳近衛師団長《もりたけしこのえしだんちょう》（中将）が殺害された場面には、青年将校らは三人ではなく、じつは四人いたというのです。わたくしは関係者に取材を重ね、そこにいたのは椎崎二郎《しいざきじろう》中佐、畑中建二《はたなかけんじ》少佐、上原重太郎《うえはらじゅうたろう》大尉の三人と特定し、椎崎が見つめるなか、畑中がピストルで撃って、上原が日本刀で叩き斬ったと、そのように書きました。ところがその情報によればもうひとり、陸軍通信学校付の窪田兼三《くぼたけんぞう》少佐という人物が日本刀を持ってそこに同席していたと言うのです。

印刷の輪転機は止められないにしても、この情報が事実かどうか、それはすぐに確認しなくてはなりません。わたくしは慌てて鹿児島の窪田氏に電話を入れました。しかしかれの答えは、ノーコメント。諦めずに、二、三日してまたかけた。すると、「今はノーコメントだが、あとふた月ほど経ってからまた電話をくれ」と言うのです。聞けば数日後に娘の結婚式があるという。嫁に行く前にそんな話が表に洩《も》れて、万が一にも騒ぎになったら破談になりかねない、とかれは心配したのでした。

このエピソードを岡本喜八監督に話したら、岡本さん、妙に気にしてしまいましてね。映画をごらんになればわかりますが、畑中と椎崎は実名のまま登場しますが、上原と窪田が出て来ず、その代わり「黒田大尉」という青年将校が出て来る。ひとりだけ架空の人物なのです。今度はわたくしのほうが気になってしまった。

映画が封切られるとわたくしのもとに、このことに関する抗議の手紙がたしか二通、電話も数本入りました。それはみんな予科士官学校時代の上原の同級生でした。「反乱に参加して人を殺《あや》めているのだから犯罪ではあろう。しかし国のためを思い、命をかけてやったこと。

そういう立派な男の存在を記録から消すとはなにごとかッ」という調子で、みなさん厳重抗議でした。敗戦から二十二年が経っていたにもかかわらず、終戦時のいきさつは、まだ湯気を立てていたのです。

間違いはもうひとつありました。八月十五日の零時、埼玉県の児玉基地での出来事です。夜が更けて第二十七飛行団の主力三十六機の出撃準備が整い、陸軍飛行部隊の特攻隊が出撃して、そしてかれらは帰ってこなかったように書いたのですが、実際はさにあらず。全機が帰ってきていたことがあとからわかりました。歴史の記録を残すというのは難しいことよとあらためて身にしみました。

それから二十八年後。平成七年（一九九五）夏に『日本のいちばん長い日』が、決定版として、今度はわたくし名義で再版されました。大宅壮一編のままでずっと名乗れないでいたけれど、晴れて我が子に「オレが親父だぜ」と言えたような、うれしいような、ちょっぴり甘酸っぱいような、そんな気分になりました。窪田兼三元少佐には、師団長室にいた四人の青年将校のひとりとして決定版にご登場いただきました。

さて、文壇での評価はどうであったか。

本も映画もこうしてヒットはしたものの、文壇では評判はどうにもパッとしませんでした。

『日本のいちばん長い日』が出た同年、これにつづくように阿川弘之《あがわひろゆき》さんの小説『山本五十六』が出版されるのですが、これも文壇は無視。いまさら軍人をもちあげる馬鹿がどこにいるかと、そんな陰口さえ聞こえてきたほどでした。阿川さんの名作を唯一認めたのは大宅壮一と小泉信三《こいずみしんぞう》だけではなかったか。小泉さんは元慶應義塾塾長で、今上天皇皇后ご成婚の陰の立役者として知られた人物です。阿川さんとは「お互い不遇だね」なんて相憐《あいあわ》れんで、これ以降、がぜん仲よくなったものです。

いずれにしても昭和四十年（一九六五）から四十二、三年頃は経済成長も著しく、平和日本が主流の時代ですから、太平洋戦争に取り組んでいる物書きは本当に不遇でした。わたくしも会社のなかでは「あいつは半藤ではなくて反動だ」などと冗談めかして皮肉を言われたものです。説明しておきますと、「反動」とは、歴史に逆行する、わからず屋の反近代主義者というような意味。もちろん批判的な意味合いがこめられたことばです。

昭和三十九年（一九六四）から四十一年（一九六六）まで文春に在籍していた立花隆《たちばなたかし》くんが、日本経済新聞の「半歩遅れの読書術」というコラムで、当時のわたくしについて、こんなふうに書いています。

「……まず半藤一利『日本海軍の興亡』（PHP文庫、一九九九年）をひもといた。半藤さんは私の文春時代の大先輩で、当時、戦争のことなら何でも半藤さんにレクチャーを受けることから仕事をはじめることにしていた。……それにしても、半藤さんはなぜこんなに戦争に詳しいのか、文春時代、半藤さんがあまりにも詳しいので、これはちょっとアブナイ人かもしれないと思ったことがある。……」

アブナイ人、つまり反動だという意味がこめられているのではないでしょうか。

後日談をもうひとつ。

昭和三十八年（一九六三）の「文藝春秋」八月号に載せた大座談会「日本のいちばん長い日」は、初出から四十四年後の、平成十九年（二〇〇七）に『日本のいちばん長い夏』という書名を付され、当時の原稿そのままに、また出席者全員のくわしいプロフィールが新たに加えられて出版されました（文春新書）。こちらを今、みなさんに読んでもらうことができるというのは嬉しいことです。これを原作にして三年後に映画化（監督・脚本＝倉内均、制作・著作＝NHK／アマゾンラテルナ）され、NHK-BShiでも放送されまして、当時の雰囲気を見事に再現してくれました。ま、この本をめぐってはいろいろなことがありました。

第四話

日露戦争と夏目漱石

夏目漱石（1867～1916）

（二）反薩長史観の『幕末史』

●筆一本となってから

会社をやめたのは六十四歳のときでした。ついにどこにも属さず筆一本に。わたくしがこのとき、何に取り組もうとしたかというと、日露戦争を中心とする明治という時代でした。昭和史を学びその謎を追いかけていると、いやおうなく明治維新までさかのぼらざるを得なかったというわけです。亡国に導いた昭和前期の源流がどこにあるかと言えば、それは日露戦争後の、司馬遼太郎《しばりょうたろう》さんの言う「坂の上の雲」を求めてかけのぼって来た、そのあとに違いないと思いました。明治三十八年（一九〇五）に日露戦争に際どく勝利したあと、大正四、五年（一九一五、一六）までの戦後の十年間に、この国を破局へと向かわせる歴史的転回点があるはずだと。それで会社をやめる少し前から勉強をはじめていました。

何人かの登場人物を選び、「坂の上の雲のあと」をノンフィクションとしてまとめてみようか、という野心が湧いてきた。だれかいないかと見渡してみたら、ちょうどいい人がいました。夏目漱石《なつめそうせき》です。

漱石の作家としての最初の作品はご存じのとおり『吾輩《わがはい》は猫である』です。その第一章が発表されたのは、日露戦争の天王山といえる旅順陥落の明治三十八年一月。そして漱石がこの世を去るのが大正五年十二月九日。つまり漱石は、わたくしの言う転回点をそっくりそのまま生きた人だったのです。すぐれた文明批評家でもあった漱石は、さまざまな表現をもちいてこの頃の空気を作品に取り込んでいます。時代とのかかわりにおいて、とりあげるのに最適な明治人ではないか。ほんとうに久しぶりに漱石作品を読み返しました。なにも、女房が漱石の孫（編集部註・末利子夫人の母は漱石の長女、筆子さん）だからといって漱石研究をはじめたわけではありませんので、念のため。

漱石の脇には、詩人石川啄木《いしかわたくぼく》と、思想家北一輝《きたいっき》を置いてみるのも悪くないぞ、などと思案しつつ勉強を開始。漱石全集を机に積み上げて、手始めにかたっぱしからおもしろいところをノートに筆記していったのです。ひさしぶりの漱石との対面は楽しくて、ときに時間をわすれるほどでした。この作業を進めるうちに、本来の目的からどんどん脱線していって、漱石の知られざる一面とか、作品にまつわる無駄話とか、雑多な、まさしく雑学的な面白いエピソードが山ほど手もとに集まった。その数、百数十。ためしに、そのなかから気楽に読めるものだけ拾い上げてまとめてみました。それを文藝春秋出版局の局長に見せたところ、「そのまますぐにウチから出したい」と言う。

それが『漱石先生ぞな、もし』（一九九二年、文藝春秋刊）です。幸か不幸か売れちゃって、すぐに続編をまとめてくれということになり、わたくしも増長して引き受けた。そのあおりを食って日露戦争後の日本という肝腎《かんじん》の主題はどこかにすっ飛んでしまいました。

●めぐってきた好機

こうしてなかなか新境地に移れぬまま、これまでの脈絡《みゃくらく》にある仕事をつぎつぎと求められ、応えているうちに、すっかり「昭和史・太平洋戦争史」の専門家兼夏目漱石研究家にされてしまいました。

心のなかには「幕末から明治、日露戦争後」というテーマが、ずっとありました。その構想をかたちにする機会は、平成二十年（二〇〇八）の三月にようやくやってきた。新潮社の求めに応じて「幕末史」について、慶應丸の内シティキャンパスで十二回にわたっておしゃべりをし、それを一冊の本にまとめることになったのです。

先に、おなじやり方で上梓《じょうし》した『昭和史』（平凡社）の場合は、若い生徒さん四人の気楽な寺子屋風の講義でしたが、こちらはりっぱな教室をつかい、生徒さんも二十五、六人。会社帰りのサラリーマンが中心で、かなり年輩の方もおられた。みなさん、幕末についてはかなり詳しい。じっさい鋭い質問がバンバン飛んできました。そんなわけでわたくしも気を引き締めて、一生懸命勉強して講義にのぞんだものです。

講義の内容は、あくまでわたくし流の幕末史観にもとづくものでした。戦前の皇国史観《こうこくしかん》は、言い換えれば「薩長《さっちょう》史観」です。正義と悪の二項対立。正義の味方の薩摩や長州、土佐の勤皇の志士たちが、皇国に仇《あだ》なす徳川幕府とそこに加勢する賊軍《ぞくぐん》どもをやっつけて、うるわしき皇国をつくったというお話です。

ところが国史の授業でさんざんそのように聞かされても、どうにもわたくしにはしっくりこなかった。じつは父の郷里は、新潟県長岡市の在の寒村で、かつてここは越後長岡藩《えちごながおかはん》でした。戊辰《ぼしん》戦争で「官軍」に徹底抗戦をして、城下のほとんどが焼野原となった「朝敵藩《ちょうてきはん》」です。悪ガキの頃から夏休みというと毎年この田舎ですごしたわたくしは、祖母から耳にタコができるほどつぎのような話を聞かされていました。

「坊よ、明治維新だ、明治新政府だなどと威張っておるが、あの薩長の連中は泥棒そのものなんだ。七万四千石の長岡藩に無理やりケンカをしかけよって、五万石を奪いとってしもうた。なにが官軍だ。あいつらの言う尊皇なんて、泥棒の屁《へ》みたいな理屈だぞ」

これはまさしく学校で教わるものとは裏返しの歴史観でした。ですからわたくしはごく自然に薩長嫌いになっていた。これはまた、「維新」当時の、おおくの民草の本音でもありました。東京生まれの漱石や荷風、勝海舟《かつかいしゅう》が「維新」などと言わずに「瓦解《がかい》」と言っていたのは第二話で触れたとおりです。

何年か前に、長州人吉田松陰《よしだしょういん》がNHKの大河ドラマ『花燃ゆ』でまことに格好よく描かれた。ところがこの人の名前、幕末有名人がほとんど登場する勝海舟の日記や記録にはまったく出てきません。松陰という人は薩長が天下をとったあとで急に有名になった。つまり松下村塾《しょうかそんじゅく》を伝説化して、長州藩閥に正統性と、新政府に大義名分を与えるための「松下村塾史観」なんです。

というわけで、わたくし流の幕末史とはつまり、反薩長史観の幕末史でありました。

●薩長がやったことを裏から見ると

光格《こうかく》天皇による朝廷復権を契機として、幕末期に尊王《そんのう》運動が起きたということは先にお話ししたとおりです。その孫、孝明《こうめい》天皇は、伊勢（神宮）の神々と皇祖《こうそ》皇宗《こうそう》に申し訳ないと、外国退散つまり攘夷《じょうい》の考えを譲りませんでした。

ところが慶応元年（一八六五）、第二次長州征伐をやる、やらないで朝廷と幕府が綱引きをやっている最中に、イギリス、フランス、オランダ、アメリカの四国連合艦隊が兵庫沖すなわち大坂湾に乗り込んできた。幕府の求めで延期していた兵庫港（神戸港）の開港をただちに実行せよと、脅かしに来たのです。

これにはさすがの朝廷も恐怖を感じた。なにせ兵庫沖といえば、京都とは目と鼻の先。徳川慶喜らは、この機会をとらえて一気に朝廷を開国へと決断させました。いくらなんでも攘夷をつづけることは無理だと孝明天皇も理解して、しぶしぶ勅許《ちょっきょ》をだしたのです。

こうして京都の朝廷の承認を得て開国という国家の方針が決定しました。つまりこのとき、朝廷と幕府のあいだで「開国」ということで国家方針の一致をみた。したがって、ここで攘夷運動はチャラになったはずなのです。

にもかかわらず薩長土肥《さっちょうどひ》は、「尊王攘夷」ではなく、今度は「尊王倒幕《とうばく》」とその看板を掛け替えて、反幕府運動をさらに拡大していく。「幕末のぎりぎりの段階で薩長というのはほとんど暴力であった」とは、司馬遼太郎さんの言葉です。わたくしもまったく同感です。

幕府側についた会津をはじめとする東北の諸藩に、西軍はこれでもかと、破壊や殺戮《さつりく》をおこなった。政敵を倒すことにばかりに力をつかっていたからでしょうか、明治新政府には国家の青写真などありませんでした。

いっぽう幕臣の勝海舟、大久保一翁《おおくぼいちおう》、福井藩の政治指南役を担った横井小楠《よこいしょうなん》らは、このころ激変する国際情勢をしっかり視野に入れて、新しい国のかたちはどうあるべきかを考えていた。横井は早くから新しい国家論を提言しており、勝はその考えに理解と賛意を示していました。事実、幕府の役人のほうが薩長の連中よりはるかに勉強していて、明治新政府には、多くの幕臣、いわゆる「賊軍」の藩士が有能な官僚ぶりを発揮しています。

●幸運な時間を無駄にして

さて、幕末の十五年間というのは、じつは日本にとって稀《まれ》に見る幸運な時間でした。この間、世界では毎年のように大きな争いが起きています。ペリー来航の年（一八五三年）にロシアとオスマン帝国との間でクリミア戦争がはじまり、その翌年、幕府がアメリカ、イギリス、ロシアとそれぞれ和親条約を結んだ年にはイギリス、フランスがクリミア戦争に参戦している。そのまた翌年、ハリスが下田にやって来た年にはイギリスがペルシャと衝突。翌一八五六年にアロー号事件が起き、これを契機として英仏連合軍による第二次アヘン戦争につながる。そのまた翌年にはインドで「セポイの反乱」と呼ばれる第一次インド独立戦争が起きています。この反乱は失敗に終わるのですが、イギリスの支配を脅かす事件でした。

植民地をもつ西欧諸国にとって戦乱続発のきわめて不安定な世界情勢のなか、日本は各国から手出しされない空白地帯に置かれることになる。西欧諸国は、軍艦を日本になど置いてはおけない状況になってしまったために、日本には港だけ開けさせて、とりあえずほうっておくしか手がなかったのです。

日本人がみんなして知恵を絞って考えるべきその大事なときに、薩長はそんなことおかまいなしで倒幕運動に血道をあげていた。けっきょく権力を握りたいだけでした。せっかく国民国家という新しい枠組みをつくるための十分な時間を得たのに、内乱に費やすのみであったことは、まことに惜しいことでした。

明治維新などとかっこいい名前をあとからつけたけれど、あれはやっぱり暴力革命でしかありません。その革命運動の名残《なごり》が、明治十年の西南戦争《せいなんせんそう》までつづいたというわけです。西郷隆盛ひきいる叛乱軍《はんらんぐん》を、新政府軍が倒して西南戦争が終わる。ここまでが幕末である、というのがわたくしの説です。

天下をとった薩長は新しい政府を立て、これからどういう国家をつくるかということを、ここではじめて考え出した。しかし西南戦争で西郷隆盛がいなくなったあと、新政府の要である内務卿の大久保利通《おおくぼとしみち》はすぐに殺されてしまう（明治十一年五月）。グランドデザインを描き、かつそれを実行できる政治力を併《あわ》せ持った人物がいなくなってしまった。

先に江戸の無血開城の話をしましたが、ここでひとこと付け加えておきます。パークスから示された、国際世論の動向を西郷さんが非常に意識して、慶喜への寛大な処置を約束したことにはすでに触れました。西郷、大久保までは国際的な道義を尊重するなかで、新しい国家をつくっていこうという了解があったように思えるのです。

●慌ててはじめた国づくり

ところがかれらのあとを継ぐのが、ともに長州出身の伊藤博文《いとうひろぶみ》と山県有朋《やまがたありとも》。伊藤が民政・外交をおもに担い、いっぽう陸軍を山県有朋が主導していくことになります。残念ながらこの二人、西郷・大久保にくらべてだいぶ格が落ちる。世界状勢を見ながら国民国家をつくるはずが、結局は近代というものを狭く捉《とら》えた軍事国家しかつくれなかったのではないか、というのがわたくしの見方です。

そもそも近代日本の軍の源流はどこかというと西南戦争でした。学校で教えられる西南戦争の説明は、「鹿児島の不平士族の叛乱を明治新政府が鎮圧しました」というような程度で、簡単にしか触れられていません。しかし実際は、「不平士族の叛乱」というようなレベルではありません。はっきり言って内戦です。

西郷軍は日本最強の軍隊でした。戊辰戦争の勝利は、もちろん薩長の軍事力によってもたらされたものですが、なかでも薩摩陸軍の軍事力は圧倒的でした。鹿児島に引き揚げていた明治十年の西郷軍は、兵力一万三千人、小銃一万一千挺、大砲六十門と、当時としては立派な大軍です。対する新政府の征討軍は、数こそ三万七千とうわまわっていますが、明治六年からはじまった徴兵令で集められた農民や商工民が中心の素人兵ばかり。いっぽう西郷軍は歴戦のつわものぞろいです。

そこで新政府軍は、無理をして軍備で西郷軍を上回ろうとした。西郷軍が銃口から弾を込める旧式の銃を使っていたのにたいして、新政府軍は最新の連発式銃をはじめ、最新鋭の兵器である機関銃やロケット弾などを揃《そろ》えたのです。ちょうどアメリカでは南北戦争が終わって新式の銃があり余っていた。それを新政府はどんどん買い入れたのです。西郷軍が立ったまま弾を込めるのに対して、新政府軍は身を隠したまま銃撃の雨を降らせました。西郷軍は、圧倒的な火器の前に身をさらけ出す肉弾戦を挑みましたが、最後は西郷さんの自刃で降伏しました。負けた西郷軍は戦傷者一万五千を数えたといいます。

政府は相当な量の新兵器を購入したため、戦費が恐ろしく膨れ上がった。明治十年の国家財政支出が四千八百万円ほどですが、戦費はなんと四千百五十六万円。国費のほとんどすべてがこの戦《いくさ》のために投じられたというわけです。なんというバカげた内戦をしたのかと言わざるを得ません。

このツケは超インフレを呼び、そのあとにとられた緊縮財政で一気にデフレに振れる。そんな経済の大混乱の結果、多くの農民が農地を売らざるを得なくなり、農村のほとんどが、一部の大地主と大部分の零細小作という構図となりました。都市には貧民が流入してスラムが生まれます。極端な格差社会の出現です。国家財政はどうかというと、日清戦争で巨額の賠償金を得るまで一息つけるヒマさえなかったのです。いっぽう、その後に三菱財閥を築く郵便汽船三菱会社や、大倉財閥となる大倉組商会などは、この戦争で軍需物資調達や兵站《へいたん》輸送を担って巨額の利益を上げ、経営拡大の基礎をつくっています。

●なにより軍事優先となって

さて、この戦《いくさ》に征討軍《せいとうぐん》の参謀長として参戦していたのが山県有朋でした。「総督」には有《あり》栖川宮熾仁《すがわのみやたるひと》を戴《いただ》いた。有栖川宮は戊辰戦争でも総大将で、役どころはいずれもミカド（天皇）の名代です。山県はもともと足軽よりもっと下の階級ですが、いちおう長州の武士出身。奇兵隊をひきいて英仏など列強相手の下関戦争も経験し、かつ戊辰戦争でわが長岡城攻防戦を戦った、たたきあげの軍人でした。

西南戦争が終わったあと、この戦《いくさ》の指揮官であった山県は考えた。作戦の執行にあたっていちいち中央政府に電信で許可をもとめなければならなかったために、大事なところで後手を踏み、苦戦をしいられてしまったと。これを踏まえて山県は、軍の作戦の指揮権である参謀機能を独立させる必要性を強く意識することになります。

西南戦争の翌年の明治十一年（一八七八）、山県は軍の制度を変えます。「参謀本部条例《さんぼうほんぶじょうれい》」を発布して、それまで陸軍省の一部局であった参謀局を陸軍卿《きょう》の傘下《さんか》から切り離したのです。

いまの条例は自治体などの法令ですが、ここでいう条例は国法のこと。参謀本部長は天皇に直属して軍の作戦、指揮を一手に取り扱うことになりました。これを「帷幄上奏権《いあくじょうそうけん》」と呼びます。天皇に「このような作戦でいきましょう」と意見具申する権限のことです。参謀本部長以外、ほかのだれにもその権限は与えられていません。しかもこの権限を参謀本部長は、陸軍卿や内閣総理大臣にも影響されず、単独で行使できるようにしたのです。

天皇に決裁をもらった命令は、陸軍卿に指示して実行させるという権限をもつことになりました。つまり参謀本部（長）は、軍のトップである陸軍卿・海軍卿（のちに陸軍・海軍大臣）にまったく影響されず、それを飛び越して軍を動かすことができるようになった。内閣はこれを拒否したり、修正したりできないという決まりでした。

この参謀本部による軍機軍令を掌握する最高の権限を軍の「統帥権《とうすいけん》」といいます。参謀本部が統帥権を制御する権限をもつことで、内閣や軍組織から独立した機構となり、ひとり歩きをはじめたのです。

注目してもらいたいのが、この「参謀本部条例」が発布された時期。明治十一年です。ところが、大日本帝国憲法が公布されたのが明治二十二年（一八八九）ですから、じつに十一年も前。軍の基本構造が、国の基本となる憲法に先んじて決められてしまった。つまりこの国は、軍事優先の国家としてスタートしたという次第。このあといくつもの戦争によって国柄を変貌させつつ、やがて亡国へと向かっていく。その起点になるのが参謀本部の創設でした。

では国のグランドデザインはというと、そのあとを追いかけるように、立憲国家という方針が決まります。国の運営の基になる憲法をつくって、政治家、官僚、そして国民はそれに従うというものです。その方針のもと、伊藤博文が憲法というものを勉強しに西洋をまわりました。伊藤は、国をまとめていくには統合のシンボルを前面に立てないと、なかなか政治的に難しいということに気づきます。その点、西洋の国家にはキリスト教という機軸がある。憲法は、まさにその機軸を中心にしてつくられていることを知るのです。

さて、日本にはキリスト教にかわるものがあるかと思いめぐらせてみると、ちょうどいいものがありました。「万世一系《ばんせいいっけい》」の天皇家です。こうして、「国家神道を機軸にした立憲君主国」という目指すべき国のかたちが定まった。

大日本帝国憲法ができるのが明治二十二年。教育勅語《きょういくちょくご》は明治二十三年ですから、教育方針もようやくこのとき確立した。つまり、新国家づくりの具体化がはじまったのは明治二十年代に入ってからでした。近代日本が国家としての「かたち」を決定するまで、ほんとうに長い時間が必要であったのです。

（二）「四十年史観」について

●新興国日本とアジア情勢

東アジアの動乱に、こうして近代国家として成立した新興国日本は飛び込んでいきます。

明治二十七年（一八九四）七月、朝鮮の甲午《こうご》農民戦争（註・貴族階級を倒す農民らの叛乱、東《とう》学党《がくとう》の乱とも呼ぶ）をきっかけに日清両国が朝鮮に乗り込んで指導権争いから戦火を交え、ついに宣戦布告。日本は清国に勝利するのですが、これがロシアとの摩擦を誘発してしまう。ロシアはシベリアから南下して満洲《まんしゆう》全土を領有しようとしていたからです。

日清戦争の講和条約で遼東《りようとう》半島の日本への永久割譲が決まるのですが、遼東半島は大連や旅順という要衝を抱える海の玄関口です。ロシア・ドイツ・フランスがこの決定に猛反対。新参者の日本になど取られてたまるかとばかりに、清国に返還するよう日本に勧告します。これを「三国干渉《さんごくかんしょう》」といいます。ヨーロッパの軍事強国三国相手に日本が対抗できるはずはなく、やむなく勧告を呑《の》むことになりました。

国内世論はこれに反発。三国に対して憤懣《ふんまん》と敵愾心《てきがいしん》をつのらせるのですが、まだ国力の劣る政府は「臥薪嘗胆《がしんしょうたん》」をスローガンになだめました。

日清戦争後の日本は、国家予算の四割強を軍事予算に振り向けます。それは、ロシアに対《たい》峙《じ》せざるを得なくなっていた情勢下、急いで軍備を増強するためでした。日英同盟を締結してイギリスから最新鋭の戦艦を購入。兵力の増強、軍備の拡充に国費を思い切り投入します。通常軍事費は、戦争中でも国家予算の三割というのが相場ですが、四割を越えてそれをつづけた。清国が支払うことになった日清戦争の賠償金は、当時の、日本の国家予算の優に四倍はありました。それを当てにしていたのです。

いっぽうロシアは大連《だいれん》・旅順《りょじゅん》を清国から借り受け、さらに南満洲鉄道の施設権も得て、シベリアから黄海へのルートを開きました。旅順の高地には立派な要塞《ようさい》を建設し、日本との緊張が高まっていく。明治三十七年（一九〇四）二月八日、旅順港にいたロシア旅順艦隊に対して日本海軍の駆逐艦が奇襲攻撃をしかけ、ついに戦闘の火ぶたが切られました。戦争が勃発すると、多くの日本人が米国の要人に面会を求め、必死になって支援を要請。金子堅太郎《かねこけんたろう》司法大臣はセオドア・ルーズベルト米大統領に直談判をしています。

悪戦苦闘がつづきますが、翌明治三十八年（一九〇五）五月二十七、二十八日の日本海海戦できわどく勝利。その勝ち戦《いくさ》のまま、アメリカの仲介を得てなんとか講和に持ち込むことができました。

国家予算で十倍、常備兵力でいえば十五倍の超大国、帝政ロシアを相手に勝ち、ついに日本は世界の大国の仲間入りを果たすことになったと政府は自惚《うぬぼ》れます。これを新聞が囃《はや》し立て、いきおい国民の歓喜は沸騰《ふっとう》しました。三国干渉と「臥薪嘗胆」、政府が国民に忍耐を強いることじつに十年。人びとは重税と貧困、そして徴兵、これによく耐えたと思います。なんとか一人前の国家にしようと、まさに坂の上の雲をもとめてわれわれ民草がどれほど苦労を重ねてきたことか。

十万人ちかい戦死者、十五万人を越える戦傷者を出していますが、夫や息子、兄弟らの死は決して無駄ではなかったと、人びとは泣く泣く納得するほかなかった。天皇と幕府が一致して「開国」と国策を決定した慶応元年（一八六五）から数えて四十年の道のりでした。

この幕末史の講義をやっていくうちに、ハタと気づいた。歴史の転回点は四十年ごとにやってくるという事実です。数えてみるとほんとうにピッタリ合う。これをわたくしは「四十年史観」と名づけました。

さて日露戦争勝利のあと、近代国家として次の四十年。日本は将来どういう国家にすべきなのか、ここで一生懸命指導者が考えればよかったのですが……。

●日露戦争後の過ち

日露戦争の勝利のあと、じっさいに政府と軍部がやったことはなにか。

明治四十年（一九〇七）、日露戦争で活躍した将官らを出世させて貴族に遇したのです。たとえば軍司令官クラスは伯爵《はくしやく》に、古参の師団長《しだんちよう》は子爵《ししやく》、その他の師団長・旅団長《りよだんちよう》クラスが男爵《だんしゃく》に、といった具合です。その数、陸軍関係者六十五人、海軍関係者三十五人、計百人の椀飯振《おうばんぶ》る舞《ま》いでした。そのうえ、幹部軍人には金鵄勲章《きんしくんしょう》という論功《ろんこう》もあった。陸海軍幹部は戦没遺族救済をそっちのけにして論功行賞《こうしょう》の恩賞にありつくことに夢中になったのです。

日清戦争の勝利で男爵になっていた乃木希典《のぎまれすけ》は、日露戦争後には二段階特進の伯爵に上げられた。東郷平八郎《とうごうへいはちろう》も伯爵。下級侍どころか農家の出の、伊藤博文のごときは、皇族や旧大名につぐ最高位の公爵です。

ところが、乃木さんの特進にあたっては乃木の参謀長だった伊地知幸介《いじちこうすけ》の処遇が問題になります。乃木を厚遇しておいて、伊地知をないがしろにするわけにいかなくなった。伊地知に爵位を与えるために、甚大な損害を出した旅順戦での采配ミスをふくめてかれが戦争で犯したしくじりを、公式記録上ではすべてなかったことにしたのです。

司馬さんは『坂の上の雲』のあとがきに、陸軍参謀本部が編纂《へんさん》した公式戦史『明治卅《さんじゅう》七八《しちはち》年日露戦史』（全十巻／明治四十五〜大正四年刊）についてこう書いています。手厳しく、かつわかりやすい。

「私はこの全十巻を昭和三十年ごろ大阪道頓堀の古本屋で買った。目方で売る紙クズ同然の値段だった。古書籍商人というのは本の内容についてじつによく知っており、値段は正直に内容をあらわすものなのである。

なぜこういうばかばかしい官修史書が成立したかといえば、論功行賞のためであった。戦後の高級軍人に待っているものは爵位をうけたり昇進したり勲章をもらうことであったが、そういうことが一方でおこなわれているときに、もう一方で冷厳な歴史書が編まれるはずがない。それだけではなく参謀本部の中に設けられた戦史編纂委員会や執筆担当者（すべて参謀出身の軍人）に将軍たちから圧力がかかったという。『おれのことをもっと良く書け』といったふうなものだが、このため総花式になった」

いま流行の言葉になぞらえるなら、フェイク・ニュースならぬフェイク・ヒストリーとでも言うべきか。これは陸軍のみならず海軍もそうでした。

明治四十二年（一九〇九）に『明治卅七八年海戦史』（全四巻）、昭和九年（一九三四）に同二巻本、昭和十年（一九三五）に一巻本『日本海大海戦史』が、いずれも海軍軍令部によって編纂されています。これらはみな一般向けに編まれ、海軍が秘しておきたいことはなにも書かれていません。司馬さんの『坂の上の雲』をはじめ日本海海戦を描いた作品のほとんどが、これらを参考にしています。

●隠された日本海海戦の真実

ところが機密を正直に記したほんとうの海戦史が、密かに編まれ残されていました。それが『極秘海戦史』です。ボリュームはじつに百五十巻。極秘の大著で、軍令部はこれを三組しかつくっていません。所持したのは軍令部と海軍大学校、そして大元帥《だいげんすい》昭和天皇のお手もと、宮中でした。昭和二十年（一九四五）の敗戦の際に軍令部と海軍大学校のものは焼却してしまったのですが、宮中にあったものだけが残った。それが戦後四十年を経て下賜され、防衛庁の戦史室（現・防衛省防衛研究所戦史研究センター）にうつされたというわけです。

わたくしはこれを読んだとき、それまで語られてきた日本海海戦とはまったく異なる事実の数々に仰天しました。〝異なる事実〟のなかでも、もっとも有名なエピソードがつくりごとであった例を紹介します。

日本海海戦のハイライト、バルチック艦隊が日本に近づいてきたとき、日本海軍が下した決断をめぐる経緯です。

バルチック艦隊はバルト海からはるばるアフリカの喜望峰をまわり、インド洋を越えてようやく東南アジアにたどりつきます。その後ウラジオストックに入って整備をしてから、日本海で日本海軍と、決戦を戦うことになると予想されていました。このときバルチック艦隊が目的地ウラジオストックに向かうには、三つのルートがあった。東シナ海をまっすぐ北上し対馬《つしま》海峡をとおるか、太平洋を迂回して津軽海峡を目指すか、さらに北上して本州と樺太《からふと》のあいだの宗谷《そうや》海峡をえらぶか。

大日本帝国海軍は悩みに悩んだ。ロシア艦隊のルートによって連合艦隊の待機する場所がちがってくるからです。日本としては敵がウラジオストックに入る前に叩《たた》きたい。地球半周を経て、くたびれ果てているタイミングで海戦をしかけて撃滅したかった。

一般向けの戦史では、三つの選択肢をめぐって喧々囂々《けんけんごうごう》の議論となるなか、東郷平八郎連合艦隊司令長官が海図の対馬海峡を指さして、「ここに来るでごわす」と言い、余計なことはなにも言わずに泰然自若《たいぜんじじゃく》として動かなかった、ということになっています。つまり東郷の英断によって対馬海峡での待機となり、バルチック艦隊はまさにそこにあらわれて、完膚《かんぷ》なきまでにやっつけることができたというストーリーです。

ところが『極秘海戦史』によれば、東郷さんはバルチック艦隊が太平洋を大きく迂回《うかい》して津軽《つがる》海峡に来るという想定を選択していました。そのために津軽海峡に向けて移動せよとの密封命令書（註・指定期日が来るまで開けてはいけない命令書）を作成して全艦隊に配っています。ところが、移動を開始するその直前、その判断は大間違いだと、藤井較一《ふじいこういち》大佐と島村速雄《しまむらはやお》少将が断固として反対をとなえた。

かれらは冷静かつ論理的に敵の艦隊速度の見直しを示し、水や燃料、ウラジオストックまでの距離などを念頭に緻密な計算にもとづく数字をあげて、対馬にかならずくると熱弁をふるった。この人たちがいたおかげで東郷さんは命令書の開封を一日延ばすことにしたのでした。これがよかった。この直後に、監視をしていた信濃丸が対馬海峡を目指す敵艦隊を発見し、以降、帝国海軍が望んだとおりの展開になったというわけです。

一般に流布された英雄伝説のおかげで東郷平八郎は文字どおり神様にまつりあげられました。これ以降、東郷さんの言葉は絶対視されることになります。若いみなさんがご存じかどうか、東京・原宿の東郷神社は軍神東郷平八郎を祀った神社であります。乃木希典もまた同様で、赤坂には乃木神社が建立されています。ここで、司馬さんの『坂の上の雲』のあとがきから、もう一カ所紹介しておきたい。

「もしこのぼう大な国費を投じて編纂された官修戦史が、国民とその子孫たちへの冷厳な報告書として編まれていたならば、昭和前期の日本の滑稽すぎるほどの神秘的国家観や、あるいはそこから発想されて瀆武《とくぶ》（註・みだりに武力を使うこと）の行為をくりかえし、結局は日本とアジアに十五年戦争の不幸をもたらしたというようなその後の歴史はいますこし違ったものになっていたにちがいない」

これは先に言ったとおり陸軍参謀本部が編纂した公式戦史への言及ですが、そのまま海軍にもそっくりあてはまる内容でした。まさに司馬さんのおっしゃるとおり、と言わざるを得ないのです。

●軍事大国化を選択したとき

さて日露戦争後、統帥部は陸軍のドン山県有朋の私案をもとに、明治三十九年（一九〇六）四月、ロシア・アメリカ・清国の三国と同時に対戦しうるだけの兵力を整備する大軍拡方針案（帝国国防方針）を作成します。

日露戦争が真の勝利ではないことを指導層は骨身にこたえるほど知っていました。とりわけ山県はロシアの陸軍力を高く評価していた。ポーツマス講和会議開催直後、明治天皇に提出した「戦後経営意見書」では、ロシアに与えた打撃は大きくないこと、復讐戦《ふくしゅうせん》が近いことを指摘して、つぎの日露戦争に備える軍備拡大を早々に説いていました。この意見に同調する指導者も多く、ロシア恐るべしの声はやがて国民層にまでひろがっていく。「恐露病《きょうろびょう》」が当時の流行語にまでなっています。

というわけで、借金をして戦争をしたあとの財政がどれほど逼迫《ひっぱく》しているかなどおかまいなしに、陸軍は平時二十五師団（戦時五十師団）を要求します。それに負けじと海軍は、新建造の戦艦八、装甲巡洋艦《そうこうじゅんようかん》八を主力とする八・八艦隊を要求してきました。日露戦争を戦ったのは、陸軍十二個師団、海軍六・六艦隊です。さらに公債でまかなった戦費十三億円の六割を外国債に依存していたことを考えれば、どうかんがえても軍備大拡張など無理な相談でした。ロシアからは賠償金がとれなかったこともこたえました。破綻に瀕《ひん》している財政を巨大な軍事費がさらに圧迫することになってしまう。

にもかかわらずこの国防方針案が、明治三十九年十月の御前会議に上奏された。裁可されたのは翌年四月。ここに軍事大国化が国策となったというわけです。

この無理をとおすために為政者がやったことはなにか。

それは増税につぐ増税でした。加えて国債募集と献金の強要をおこなった。戦争中に非常時対応として増加して徴収されていた税金の数々は、平和回復後にはもとにもどすことになっていたのですが、政府はこの約束を反故《ほご》にしています。これらの税がどれほど国民生活と密着していたものかを知っていただくために列挙しておきます。

戦時に加徴されたのは地租、営業税、所得税、酒税、用紙税。新設されていたのが石油消費税、毛織物消費税、相続税、通行税、小切手印紙税、毛織物以外の織物税などなど。これらを政府は永久税として継続して徴収することにしたのでした。軍備のために、あらゆる無理をひきつづき国民に強いていくのです。

このとき軍事大国主義ではなく、国際協調小国主義という選択肢もあった。そのほうが、よほど身の丈《たけ》にあっていたのにと悔やまれます。

では同時代に、小国主義をとなえる人はただの一人もいなかったのかというと、決してそうではありません。在野にいました。たとえばジャーナリストの石橋湛山《いしばしたんざん》です。

●異彩を放つ言論人

石橋湛山は、明治十七年（一八八四）、東京の芝に生まれ、山梨の寺で育っています。日露戦争が終わったときは二十一歳。早稲田大学文学部哲学科の学生でした。卒業後東京毎日新聞社に入り、東洋経済新報社に移って、そののち社長になっています。

明治四十五年（一九一二）七月三十日に明治天皇が崩御し、明治神宮建設が多くの国民の支持を得て推し進められようとしたときに、猛反対したのが当時まだ二十代の湛山でした。もし、先帝の遺徳《いとく》を記念せんとするなら、神社などではなく、広く世界民衆へむけての、ノーベル賞級の「明治賞金」を設定せよ、と提唱しています。湛山の冷静な合理精神が垣間見える。

湛山が「日本には、主義として一つも小日本主義を標榜《ひょうぼう》する政党がない。この点において日本は実に挙国一致である。挙国一致で帝国主義を奉じている」と嘆いたのは、右の提言とほぼ同時期の大正元年のことです。天才に年齢はないと言うものの、やはりその若さには驚かされます。

昭和のはじめ、満洲事変や支那事変《しなじへん》で国中が「勝った、勝った」と浮かれていても、湛山は、外にたいするいっさいの帝国主義、植民地主義に断固として反対しつづけます。選ぶべき国策として訴えたのは軍縮・平和主義。そしてかれは貿易立国を目指すべきだと考えた。

「……資本を豊かにするの道は、ただ平和主義により、国民の全力を学問技術の研究と産業の進歩とに注ぐにある。兵営の代わりに学校を建て、軍艦の代わりに工場を設くるにある。陸海軍経費約八億円、かりにその半分を年々平和的事業に投ずるとせよ。日本の産業は、幾年ならずして、全くその面目を一変するであろう」

石橋湛山（1884～1973）

この社説を書いたのは大正十年（一九二一）、三十七歳のときでした。

湛山の論理基準はまことに明瞭です。まず事実と数値によって状況を正確に分析し、経済上の利益のありかを冷静に合理的に見とおしています。このときたどりついた答えが小日本主義。当時の日本人が、これしかないと信じた大日本主義を捨てるべきだと言うのです。捨てたところでなんら不利益はもたらさない、かえって大きな国家的利益になると。

右の社説はこうつづきます。

「朝鮮・台湾・樺太・満洲というごとき、わずかばかりの土地を棄《す》つることにより広大なる支那の全土を我が友とし、進んで東洋の全体、否、世界の弱小国全体を我が道徳的支持者とすることは、いかばかりの利益であるか計り知れない」

それこそが唯一取るべき道だと主張しました。しかし、政治家も国民も、かれの提言には耳を傾けなかった。植民地支配で先を走る列強の、侵略主義に負けず劣らずの、帝国主義を唱えて南へ北へ。外へ外へと突き進んでいく。

そして。日露戦争終結からちょうど四十年後の昭和二十年八月十五日、大国主義日本は敗戦を迎えました。

昭和十六年十二月からはじまった戦争だけで数えても、満洲で二十五万人、ロシア・シベリアで五万五千人、中国で四十七万人、朝鮮半島で五万人、台湾で四万人、フランス領インドシナで一万三千人、フィリピンで五十二万人、パプアニューギニア・ソロモン諸島で二十五万人、硫黄島《いおうとう》で二万人、中部太平洋で二十五万人、日本本土で七十万人……こんなに多くの日本人が無残な死に方をしました。広島長崎の市民の頭上には原子爆弾を落とされ、日本国中の街という街が焼き尽くされた。

こうして見ると、国をつくるのに四十年、滅ぼすまでも四十年だったことがわかります。

そもそも往《ゆ》くべき方向をまちがえたことは確かなのですが、それでも亡国から逃れることはできたはずです。軌道を修正するチャンスは何度もあった。けれどそのチャンスを、ことごとく誤った判断によって潰《つぶ》してしまいました。

軌道修正のチャンスの所在は、まだすべてが解明されたわけではありません。これからも、調べれば調べるほど出てくると思います。若い人たちには、この作業をぜひ受け継いでいただきたい。なぜならそれは、必ず日本の明日のためになるとわたくしは信じているからです。

●戦後四十年目に

四十年史観にもどります。戦争に負けたあと、ＧＨＱに占領されていた期間が六年余です。その占領が解かれ、日本が独立したのが昭和二十七年（一九五二）年。焼け跡から復興して経済発展を遂げ、ついに昭和四十三年（一九六八）には世界第二位（ＧＤＰ比較による）の経済大国にまでなりました。そして長い昭和が終わって平成となり、この国は未曾有の繁栄を極めるにいたる。そしてその直後とも言うべきタイミングで、わたくしたちはバブル崩壊に襲われました。

急騰をつづけていた東京の土地価格が下落に転じて「バブル崩壊」といわれるのが平成元

年（一九八九）といわれていますが、その頃わたくしは銀座のバーで、まだまだどんちゃん騒ぎをやっていました。この年の暮れに日経平均株価が史上最高の値をつけていますから、平成四年（一九九二）あたりが真の意味での崩壊の年ではないか。つまり独立の年から数えて四十年目にあたるのがこの年でした。

やっぱり戦後日本が完結するのに四十年かかった。バブル崩壊を歴史の転換点とするならば、わたくしの四十年史観から言うと、あと十五年でこの国は没落することになる。脅かすわけではありませんが、当たりますよ、この四十年史観。その理由を説明します。

人びとが、悲惨な記憶を忘却し尽すのが、だいたい四十年なのです。

陸戦でも海戦でも、日露戦争がどれほど多くの人の生身を引き裂く悲惨な戦いであったか。また、残された家族の悲しみや苦労がどのようなものであったか。それを知る世代がつぎつぎと現役を退き、入れ替わりがはじまります。知らない世代ばかりが為政者、軍務官僚となるのにかかった時間が、ちょうど四十年でした。

たとえば太平洋戦争時の首相兼陸軍大臣兼内務大臣の東條英機大将。明治十七年（一八八四）生まれの東條に、日露戦争の実戦経験はありません。陸軍士官学校を卒業して少尉任官が間に合って、第一軍近衛師団の近衛歩兵第三連隊付として勇躍戦場に向かいます。しかし、奉天はすでに陥落。けっきょく戦線後方の駐屯地の、守備隊勤務をしていただけでした。東條のみならず、戦闘には間に合わなかった、形ばかりの日露戦争参戦者がやがて昭和前期にハバを利《き》かせることになりました。

ざっと見渡すと、山本五十六はじめ、太平洋戦争開戦前に戦争回避を唱えた将官には実戦経験組が多く、対米英強硬論者の多くが実戦経験「なし組」だったことがわかります。「なし組」は、ただ日露戦争勝利の栄光のみを背負い、そこからたくさんの英雄譚《たん》と神話をつくりあげ、無敵帝国陸軍・帝国海軍の名のもとにあらぬ方向に国を動かしていったのです。

このあとにつづく若い士官候補生が、陸軍大学校、海軍大学校で習ったのは先に紹介した偽りの戦史でした。戦いの悲惨さ、兵の苦しさ悲しさについて学ぶことも感ずることもなく、机上の作戦立案に専念することになる。

ではひるがえって現代日本はどうでしょう。太平洋戦争の、リアルな悲惨さを知っている政治家は、いま与野党ふくめてもうだれもいないのではないでしょうか。老骨には、少々気になる状況になっています。

いずれにしても、悲観してばかりはいられません。あと十五年が残っていますので、まだまだやれることはある。なにより亡国と救国の分かれ目で、選択をあやまってはいけません。

大事なのは、イカサマの歴史を鵜呑《うの》みにしないことです。ぜひとも事実にもとづいた歴史を、そして逆の立場からも見た複眼的な思考方法を、すなわち歴史探偵としてのものの見方を、みなさんには学んでいってほしいと思います。

（三）「亡びるね」という予言

●夏目漱石が見た〝自惚れのぼせ〟

日露戦争後にもう一度もどります。このとき日本人はどのように自惚《うぬぼ》れのぼせたのか。その仔細《しさい》を見ていたのが夏目漱石でした。真面目さを失い、拝金主義に踊り、出世主義に翻弄される姿をその小説中で活写しています。

ただし残念ながら、明治四十三年（一九一〇）に修善寺《しゆぜんじ》の大患《たいかん》で血を吐いて、あやうく死にかけて以降は、それまでの社会批評が影をひそめてしまう。人の心の奥底、善悪にまつわる内的世界、つまり観念的・哲学的な関心に向かってしまいました。研究者の先生がたはもっぱらそちらがお好きのようですが、わたくしはどうもそっちは苦手。修善寺の大患以前が好みです。

さて、なにを漱石は憂えていたか。

平成二十九年三月八日の朝日新聞の再連載、「吾輩は猫である」を切り抜いてもってきました。たまたまですが、ちょうどいいところが出てきた。

「寐《ね》てもおれ、覚めてもおれ、このおれが至る所につけまつわっているから、人間の行為言動が人工的にコセつくばかり、自分で窮屈になるばかり、世の中が苦しくなるばかり（中略）今の人はどうしたら己れの利になるか、損になるかと寐ても醒《さ》めても考えつづけだから、勢《いきおい》探偵泥棒と同じく自覚心が強くならざるを得ない。二六時中キョトキョト、コソコソして墓に入るまで一刻の安心も得ないのは今の人の心だ。文明の呪詛《じゅそ》だ。馬鹿《ばか》々々しい」

「二六時中《にろくじちゅう》」とは、「四六時中《しろくじちゅう》」のほぼ半分。つまり目覚めて起きているあいだということです。

「二六時中太平の時はない。いつでも焦熱地獄だ。天下に何が薬だといって己れを忘れるより薬な事はない。三更月下入無我《さんこうげつかむがにいる》とはこの至境を咏《えい》じたものさ。今の人は親切をしても自然をかいている」

「吾輩は猫である」のなかにはこういう言葉がたくさん出てきます。読み方によってはこれほどおもしろい本はありません。明治時代の日本人が損得《そんとく》だけの競争社会に放り囲まれて、いかにギスギスしていたかが描かれている。キーワードはいろいろあって、たとえば鉄道。いろんなところに出て来ますが、この新時代の高速移動手段がいかに人間をコセコセしたものにしているか、という文脈で語られています。ここではもうひとつのキーワード、時計にまつわる漱石独自の表現を紹介します。

●時計が日本にやってきて

そもそも、西洋から日本に、機械時計がはじめて入って来たのは天文二十年（一五五一）だそうです。宣教師フランシスコ・ザビエルがもちこんだ。それは大きな置き時計でした。もちろん当時は極めつけの贅沢品《ぜいたくひん》であり、一般の人びとの目にふれることなどありません。それが長い時を経て、西洋で懐中時計《かいちゅうどけい》にまで小型化された。日本人が時間というものを意識しだしたのは明治になってからです。江戸時代までは、空を見上げて太陽の位置で、だいたいの時刻を把握する程度でした。明治になって西洋に追いつけとなって、はじめて時というものを意識するようになった。

近代日本人にいちばんはじめにそれを意識させたのが「ドン」なんです。明治の新政府、太政官府《だじょうかんふ》の布告によって、正午になったことを広く報《しら》せるために「ドン」と大砲を撃ち鳴らすことにしました。そこから土曜日の午後が休みになることを「半ドン」と言いならわすようになったわけですが、これが明治四年（一八七一）のことでした。近代の日本人はこのときからしだいに時間に支配されるようになるのです。

当時の川柳に、「ドンの反響ごとに箸《はし》の音」というのがありました。それまでは腹が減ったら飯を食う、というのが普通のことであったのが、ドンと鳴れば、なかば強制されるように昼飯を食う。そういう習慣になったのを皮肉った句です。慣れ親しんだ陰暦《いんれき》を、太陽暦に変えられたのが明治五年（一八七二）十二月三日から。この変更によって、この日が明治六年一月一日になった。この十二月の二日間分の給料を、みなさんもらえたのかどうか心配ですが、それはさておき。

いずれにしても一日が午前と午後に分けられて二十四時間制になり、一時間は六十分であり一分間は六十秒であるということもこのとき決まった。そして「光陰《こういん》は産業なり」、「時は金なり」という言葉が流行しまして、時計が我われの生活において重要な道具になったというわけです。

日本で時計が量産化されるようになった経緯もざっと振り返ります。明治十年（一八七七）、造幣局《ぞうへいきょく》の肝いりでスイスに留学した大野規好という技師が大阪で時計製造会社をはじめて、懐中時計の製造を手がけたといわれています。明治十四年（一八八一）には、服部金太郎《はっとりきんたろう》が舶来《はくらい》の時計を輸入販売する服部時計店を開業。その後、明治二十五年（一八九二）に柱時計の製造部門を新たに立ち上げて精工舎《せいこうしゃ》を誕生させている。その精工舎が懐中時計の生産をはじめたのが明治二十八年（一八九五）であったそうです。

日清戦争のあとに二十もの時計製造所ができ、明治三十年頃には大盛況だったそうですが、その後ほとんどが潰れてしまいました。

●時計と漱石

さて、ここからが「吾輩は猫である」の時計の話。ざっと拾い上げただけでも六カ所あります。鈴木藤十郎なる登場人物は、苦沙弥《くしゃみ》とかつて同宿であった友人ですが、十年ぶりに会ってみると少々イヤミな実業家風になっていた。岩波文庫版一五〇ページにある、その男の描写はこうです。

「鈴木君は頭を美麗《きれい》に分けて、英国仕立のトウィードを着て、派手な襟飾りをして、胸に金鎖りさえピカつかせている体裁、どうしても苦沙弥君の旧友とは思えない。

『うん、こんな物までぶら下げなくちゃ、ならんようになってね』と鈴木君は頻《しき》りに金鎖りを気にして見せる。

『そりゃ本ものかい』と主人は無作法な質問をかける。

『十八金だよ』と鈴木君は笑いながら答えた……」


このあと、鈴木は実業家の心得《こころえ》のようなものを開陳します。

「『……ところがその金という奴が曲者《くせもの》で、――今もある実業家の所へ行って聞いて来たんだが、金を作るにも三角術を使わなくちゃいけないというのさ――義理をかく、人情をかく、恥をかく、これで三角になるそうだ面白いじゃないかアハハハハ』
『誰だそんな馬鹿は』
『馬鹿じゃない、なかなか利口な男なんだよ』……」

「三欠く」で金持ちになるとは有名な話ですが、漱石はこれを馬鹿呼ばわりして容赦ない。こういう馬鹿がハバを利かせているような世の中を鼻白む思いで見ている。また当時は、人力車と金鎖つきの金時計というのが成功者の象徴なのですが、漱石に言わせればそれは世渡り上手のお墨付《すみつ》き、見栄坊《みえぼう》と虚飾の象徴ということになる。

日露戦争後の株成金で有名なのが鈴木久五郎《すずききゅうごろう》という男です。新橋で数十人の芸者を上げて金をまき散らし、競争で拾わせたりする馬鹿騒ぎを連夜つづけたそうです。その上をいくのが船成金の山本唯三郎《やまもとただざぶろう》。料亭から帰ろうと玄関口にでたところで停電が起きて暗転し、あたりが見えない。山本はおもむろにふところから百円札をだすとそれに火をつけて履物をさがさせたという。これ以外にも山本は、総勢百五十人もの徒党を組んで「征虎隊《せいこたい》」と称して遠路朝鮮にまで乗り込んで、虎二頭をふくむ貨車一両分の野生動物をしとめて日本に持ち帰るという馬鹿げた蕩尽《とうじん》をして見せた。同行した報道関係者が写した記録映像を東京シネマ画報が買い取り、いくつかの映画館で上映したそうです。

どこが悪いか、とばかりに、軽佻浮薄《けいちょうふはく》が大手を振っていたことがわかります。鈴木も山本も、その懐中時計はまちがいなくキンキラキンの金時計であったにちがいない。

これを書いた頃、漱石自身は金時計などもっていなかったと思われます。岩波文庫の一七三ページにこうある。

「……赤い本と並んで例の如くニッケルの袂時計《たもとどけい》が春に似合わぬ寒き色を放っている。……さすがに春の燈火《ともしび》は格別である。天真爛漫《てんしんらんまん》ながら無風流極《ぶふうりゆうきわ》まるこの光景の裏《うち》に良夜を惜めとばかり床《ゆか》しげに輝いて見える。もう何時だろうと室《へや》の中を見渡すと四隣はしんとしてただ聞こえるものは柱時計と細君のイビキと遠方で下女《げじょ》の歯軋《はぎし》りをする音のみである」

このリアルな描写からは、漱石のウチには柱時計があったことがわかります。そして自身がもっていたのは苦沙弥同様ニッケルの懐中時計ではなかったか、とわたくしはニラんでおります。

いずれにしても、その他「時計」の文脈を読み合わせてみると、以下のようなことがわかります。漱石は、時計の普及とともに空間は収縮し時間は短縮すると見た。これによってひとは忙しく画一化の方向に導かれていく。みなおなじ方向を向いて、おなじようなこととしていては創意工夫が生まれない。「キョトキョト、コソコソ、こせついている」日本人の、その症状を発症させているのは、文明のもたらす病弊、「時間病」であると。こんな言い回しもあります。

「余計な手間ばかりかけて創造的でない」

「オーバーヒートしかねない無駄の反覆」

漱石の指摘は、こうして見ると現代にも当てはまるようにも思えてくる。「時計」は、さしずめ「スマホ」ということになるのでしょうか。

●大和魂に鼻白んで

「吾輩は猫である」の真骨頂は、「大和魂《やまとだましい》」のくだりです。

「大和魂」というものが盛んに叫ばれるようになったのは日露戦争の最中からでした。とくに乃木さんの旅順要塞攻略あたりからです。これが英雄物語になって、たちまち日本は精神主義に傾いていく。

このくだりをふくむ六章を漱石が書きあげたのは明治三十八年（一九〇五）の九月末。この月はじめには、日比谷焼き討ち事件が起きています。これは、ロシアから賠償金をとることができなかった明治政府に対して、民衆が怒りを爆発させて起こした大騒擾《そうじょう》事件。「亡国の小村寿太郎全権はすみやかに切腹せよ!」などと叫んでムシロ旗を押し立て、あちこちの交番に火をかけていきました。民衆は日露戦争が辛勝であったことを知りません。

政府はこれに対して九月六日に戒厳令をしき、同時に言論取り締まりに関する緊急勅令《きんきゅうちょくれい》まで公布しています。同時に警察権力の総元締である内務大臣による新聞雑誌発行停止権を復活させた。のちに緊急勅令は廃止されたものの、明治四十二年(一九〇九)に制定された新聞紙法は、ふたたび内務大臣による行政処分権を復活させて、さらに外務、陸海軍大臣が行使する関係記事掲載禁止命令など、言論の自由を束縛する法整備がすすめられるのです。

じつは日露戦争後の国民の不満は、やがて日米衝突に至る導火線にもなったのではないかとわたくしは考えています。せっかく戦争に勝ったのになぜアメリカはうまく仲介してくれなかったんだと憤懣《ふんまん》の矛先《ほこさき》がアメリカにも向かった。あの時、新聞が伝えたセオドア・ルーズベルト大統領の発言は、日本人をうんと怒らせた。いわく、日本は勝利の栄光を得て、樺太の南半分、そして旅順・大連の租借権をとった。東清鉄道の南満洲支線もとれたじゃないか。その上金まで欲しがるとはなにごとだ、と。ルーズベルトからみれば、せっかく講和をまとめてあげたのに、身のほど知らずの日本は感謝どころか不満に思っている、というわけです。つまりアメリカの側も、日本に対して不信感をもった。

以下、「吾輩は猫である」にもどって、主人公の苦沙弥が苦心の作文を客の前で読み上げる場面から。


「『大和魂！　と叫んで日本人が肺病病みのような咳《せき》をした』

『起し得て突兀《とっこつ》ですね』と寒月君がほめる。

『大和魂！　と新聞屋が云《い》う。大和魂！　と掏摸《すり》が言う。大和魂が一躍して海を渡った。英国で大和魂の演説をする。独逸《ドイツ》で大和魂の芝居をする』

『なるほどこりゃ天然居士《てんねんこじ》以上の作だ』と今度は迷亭先生がそり返って見せる。

『東郷大将は大和魂を有《も》っている。肴屋《さかなや》の銀さんも大和魂を有っている。詐欺師、山師、人殺しも大和魂を有っている』」


あろうことか軍神東郷さん、詐欺師や人殺しと同列に並べられちゃった。

「『先生そこへ寒月も有っているとつけて下さい』
『大和魂はどんなものかと聞いたら、大和魂さと答えて行き過ぎた。五六間行ってからエヘンという声が聞こえた』

『その一句は大出来だ。君はなかなか文才があるね。それから次の句は』

『三角なものが大和魂か、四角なものが大和魂か。大和魂は名前の示すごとく魂である。魂であるから常にふらふらしている』

『先生だいぶ面白う御座いますが、ちと大和魂が多過ぎはしませんか』と東風君が注意する。

『賛成』と云ったのは無論迷亭である。

『誰も口にせぬ者はないが、誰も見たものはない。誰も聞いた事はあるが、誰も遇《あ》った者がない。大和魂はそれ天狗《てんぐ》の類か』」


どうです。こんな危ないモノが日本の国を引っ張っていくなんてとんでもねえ、と言わんばかり。一流国になったと鼻高々の、日本人の自惚れのぼせに痛烈な批判をぶちかましている。いやはや、あの時代にこんなことをよく書いたものです。

じつは表現が厳しく管理されるようになるのはこのあとからでした。森鷗外の『ヰタセクスアリス』、永井荷風の『ふらんす物語』や『歓楽』をはじめ、次からつぎへと出版物が発禁処分を食らうのは、明治四十年代に入ってからです。「吾輩は猫である」が書かれたのは、まだ時代の空気に少し余裕があった、ギリギリ最後のタイミングだったのですね。

『吾輩は猫である』が本になって刊行された、その六年後。明治四十四年（一九一一）には大逆《たいぎゃく》事件が起きています。幸徳秋水《こうとくしゅうすい》ら社会主義者、無政府主義者二十六人が明治天皇暗殺計画を立てたという容疑で起訴されて、二十四人に死刑判決（執行は十二人。他は特赦《とくしゃ》無期刑に減刑）。じっさいに計画に多少なりとも関わったのは五人だけです。他は冤罪《えんざい》の疑いが濃い。これ以降、日本から言論の自由はなくなり、思想弾圧は激しさを増して、ついに敗戦まで止まることはありませんでした。

●自惚れた日本人

漱石が、作品中、もっとも素直に時代批評を述べたのが『三四郎』（明治四十一年の連載）の出だし部分です。汽車の座席で、偶然斜向《はすむ》かいに座った教師風の男性が、主人公に語る有名なくだりを紹介します。

「『今に見えるから御覧なさい。あれが日本一の名物だ。あれよりほかに自慢するものは何もない。ところがその富士山は天然自然に昔からあったものなんだからしかたがない。我々がこしらえたものじゃない』と言ってまたにやにや笑っている。三四郎は日露戦争以後こんな人間に出会うとは思いもよらなかった。どうも日本人じゃないような気がする。

『しかしこれからは日本もだんだん発展するでしょう』と弁護した。すると、かの男は、すましたもので、

『亡びるね』と言った。——熊本でこんなことを口に出せば、すぐなぐられる。悪くすると国賊取り扱いにされる」

自惚れた日本人が、自らへの批判を許さないほど傲慢《ごうまん》、不遜《ふそん》になっていることに、漱石は気づいています。

日本人はかつて、悠々と落ち着いた気風をもっていたのではなかったか。西洋の文明に追いつけ追い越せと、このままワッショイワッショイやっていると、この国はなにも新しいもの、この国独自のものを生み出すことができずに模倣ばかりすることになりはしないか。そうなってはこの国のよさを失ってしまう。それがどういう日本人を生むか。どういう結果をこの国にもたらすか。

日露戦争後の精神のありようから見て、日本人は滅びへの道を歩みはじめているというの

が、深い考察から得た漱石の確信でした。「亡びるね」のひと言でした。

では漱石の、こうした文明批評のバックグラウンドに何があったかといえば、そのひとつに上げられるのはイギリス留学ではなかったか。日英同盟が締結された明治三十五年（一九〇二）一月、漱石はロンドンにいました。かの地では、神経症のような症状で精神的に不安定でした。イギリス嫌いと噂《うわさ》されていた漱石が日英同盟をどう見ていたか、気になって調べたことがあります。

義父の中根重一にあてたこの年三月十五日付の手紙の一節に興味深い記述がありました。日英同盟そのものではなく、異常なまでに喜びはしゃいでいる日本人の、その軽薄な姿に漱石は憤り《いきどお》嘆いていたのです。

「日英同盟以降、欧州諸新聞のこれに対する評論一時は引きもきらざる有様《ありよう》に候《そうら》いしが、昨今はようやく下火と相成候《あいなりそうろう》ところ、当地在留の日本人ども申合せ林（董《ただす》）公使斡旋の労を謝するために物品贈与の計画これあり、小生も五円ほど寄附いたし候。きりつめたる留学費中、ままかくのごとき臨時費の支出を命ぜられ、はなはだ困却いたし候」

ロンドン在留邦人《ざいりゆうほうじん》から寄付集めの計画が持ち上がり、無理矢理《むりやり》五円を出させられてしまったことを怒っています。漱石の苦虫をかみつぶしたような渋っ面が目に見えるようです。漱石の留学費は年に千八百円、すなわち月百五十円。その三十分の一とはいえ、下宿代や図書購入費などでやりくりに苦労していましたので、少々痛い出費でした。ついでながらひと言。留学中の漱石は休職扱いでした。その間留守宅の鏡子《きようこ》夫人は実家の中根家で暮らしていましたが、文部省から支給される休職費は月額二十五円。ただし、鏡子夫人が手にできた実際の額は二十二円五十銭でした。軍艦を造るため官吏は俸給の一割を還納するという「建艦費《けんかんひ》」として二円五十銭が差し引かれていたからです。

●漱石の怒りと嘆き

さて、漱石の怒りは五円問題のみならずでした。

「この同盟事件の後、本国にては非常に騒ぎしおり候よし、かくの如《ごと》き事に騒ぎ候は、あたかも貧人《ひんじん》が富家《ふか》と縁組を結びたる喜しさの余り、鐘太鼓《かねだいこ》を叩きて村中かけ廻《まわ》るようなものにも候わん。もとより今日国際上の事は道義よりも利益を主にいたりおり候えば、前者の発達せる個人の例をもって日英間の事を喩《たと》えんは、打倒ならざるやの観もこれあるべくと存じ候が、如何《いかが》のおぼしめしにや」

漱石が言うように、日英同盟を結んだイギリスの狙いは道義などではありません。自国の利益です。日本の軍事力によってロシアの南下を防いでもらうことにありました。イギリスはその植民地を守るために日本にアジアの番犬の役割をはたして欲しかったというわけです。明治政府もその点では利害が一致していました。ロシアと軍事衝突は避けられないと見ていますから、海軍力を誇るイギリスは、同盟の相手として恰好《かっこう》のパートナーでした。地政学的に日本に頼らざるを得ないイギリスの立場をこちらもまた利用したのです。

漱石が帝国主義覇権闘争下の日英関係を正確に理解していたかどうかはともかく、「貧人と富家の縁組」というたとえは言い得て妙でした。それは、ロンドンでの留学生活で得た実感であったはずです。それを鐘や太鼓を叩きて欣喜雀躍《きんきじゃくやく》するのは情けないと嘆いたのでした。いったん日本から離れて、外から自国を眺める機会を得たことは、もとより鋭い漱石の批評眼をさらに磨くことになったのではないかと思います。

漱石の憂慮は、この前年、明治三十四年（一九〇一）の日記のなかにも見つけることができます。
「一月二十七日〔日〕大風。
　夜、下宿の三階にてつくづく日本の前途を考う。日本は真面目ならざるべからず。日本人の眼《め》はより大ならざるべからず」
「三月十五日〔金〕
　日本人を観《み》て支那人と云われると厭《いや》がるは如何《いかん》。支那人は日本人よりも遥《はる》かに名誉ある国民なり。ただ不幸にして目下不振《もっかふしん》の有様に沈淪《ちんりん》せるなり。心ある人は日本人と呼ばるるよりも支那人と云わるるを名誉とすべきなり。たとえ然《しか》らざるにもせよ、日本は今までどれほど支那の厄介《やっかい》になりしか、少しは考えてみるがよかろう。西洋人はややともすると御世辞《おせじ》に支那人は嫌だが、日本人は好きだと云う。これを聞き嬉《うれ》しがるは、世話になった隣の悪口を面白いと思って、自分が景気がよいという御世辞を有難がる軽薄な根性なり」
「三月二十一日〔木〕
　ローマは亡びたり。ギリシャも亡びたり。今の英国・仏国・ドイツは亡ぶるの期なきか。日本は過去において比較的に満足なる歴史を有したり。比較的に満足なる現在を有しつつあり。未来は如何《いかに》あるべきか。自ら得意になるなかれ。自ら棄てるなかれ。黙々として牛のごとくせよ。孜々《しし》として鶏の如くせよ。内を虚にして大呼《たいこ》するなかれ。真面目に考えよ。誠実に語れ。摯実に行え。汝《なんじ》の現今に播《ま》く種は、やがて汝の収《おさ》むべき未来となって現わるべし」

ところが日露戦争後の日本人は、戦勝に浮かれてさらに悪くなった。漱石のこの憂慮が、帰国してからますます深刻なものとなったのは、先に見たとおりです。

漱石の予言から四十年後、司馬さんの見たこの国の断末魔が、つぎの場面です。

「私は兵隊にとられて戦車隊におりました。終戦の直前、栃木の佐野の辺にいたんですけれども、東京湾か相模湾に米軍が上陸してきた場合に、高崎を経由している街道を南下して迎え撃てというのです。私はそのとき、東京から大八車を引いて戦争を回避すべく北上してくる人が街道にあふれます、その連中を、南下しようとしているこっち側の交通整理はちゃんとあるんですか、と連隊にやってきた大本営参謀に質問したんです。そうしたら、その人は初めて聞いたというようなぎょっとした顔で考え込んで、すぐ言いました。これが私が思想というもの、狂気というものを尊敬しなくなった原点ですけれども、『ひき殺していけ』と

言った……」（「朝日ジャーナル」昭和四十六年一月一〜八日合併号）

荒れ果てたのは国土ばかりではありません。日本人の、この場合軍務官僚ですが、同胞《はらから》を戦車でひき殺してでも敵を迎え撃てとまで言わしめる、その心の荒廃もここに極まっていました。

司馬さんは国の来《こ》し方を振り返って、昭和より明治のほうがはるかによかったし、それよりもっともっと前の時代のほうがよかったと思っていたようです。日本人は、合理的で、名を惜しむ誇りをもったいい感じの民族であった。それを日露戦争後の日本人は失った。いわんや昭和の日本人をや。司馬さんが昭和を書かなかった理由はそこにあります。書きたくなかったということです。

（四）日露戦争後の日本

●平成二十九年にベトナムで

これはつい最近のことです。天皇皇后がベトナムを訪問しました。平成二十九年（二〇一七）二月末から三月上旬にかけてのことでした。ベトナム滞在の最後に、お二人は古都フエにあるファン・ボイ・チャウ（一八六七〜一九四〇）の記念館を訪れ、その墓に拝礼しています。

ファン・ボイ・チャウは、フランスの植民地であったベトナムの、独立運動を指導した人物でした。明治三十八年（一九〇五）、まさに日露戦争が終わろうとしていた時期に来日。まもなく中国の亡命革命家、梁啓超《りょうけいちょう》と出会い、梁の紹介によって、当時憲政党総裁だった大隈重信《おおくましげのぶ》、同党の犬養毅《いぬかいつよし》、陸軍参謀の福島安正《ふくしまやすまさ》といった人たちに会っています。その来日目的は、日本政府に武器提供を求めることだったのですが、大隈らに説かれ、むしろ人材育成のほうが大事だと知り、その後ベトナムの若者を日本に留学させる「東遊運動《ドンズー》」を推し進めることになる。日本の篤志家の支援を得て、明治四十一年（一九〇八）には二百人以上の留学生が来ていたそうです。かれの書いた本、『ヴェトナム亡国史　他』（平凡社／東洋文庫）が日本語に翻訳されていますから興味をもった方はぜひお読みいただきたい。フランスのベトナム支配の実情や、日本がロシアに勝ったことがどれほどベトナムの若者たちを勇気づけたか、同士をどのように組織化していったかなど、とても読みやすい文章で生き生きと当時の様子が描かれています。

いっぽう中国人留学生はどうであったかというと、多いときでその数じつに約八千人。孫《そん》文《ぶん》をはじめ、章炳麟《しょうへいりん》、黄興《こうこう》、陳天華《ちんてんか》、汪兆銘《おうちょうめい》、秋瑾《しゅうきん》、そして梁啓超ら独立運動の若きリーダーたちもやってきました。かれらを一生懸命支援したのが宮崎滔天《みやざきとうてん》でした。

宮崎滔天は、明治三年（一八七一）、熊本の郷士の家に生まれています。若い頃から進取の気性に富み、キリスト教や自由民権運動に触れたのち、アジア主義運動を強く志すようになる。朝鮮や中国の地にも自ら赴き、体当たりで革命運動に関わっていきます。

その宮崎滔天がとりわけ親身になって応援したのが孫文でした。出会いは明治三十年（一八九七）。孫文についてもその経歴を紹介しておきます。

孫文は一八六六年生まれ。香港の医大を卒業して開業するのですが、やがて革命運動に専念することになりました。日清戦争終結後の明治二十八年（一八九五）に、清朝打倒の武装蜂起をくわだてるのですが、これに失敗して命からがら日本に亡命します。このとき二十九歳でした。日本では宮崎滔天の紹介を得て、犬養毅をはじめとして複数の篤志家から経済的な支援を受けることになります。

宮崎滔天の奥さんの姉、前田卓子《まえだつなこ》もその支援者のひとりです。前田卓子は明治初期の大金持ちにして政治家の、前田案山子《かがし》の次女。漱石の『草枕』のヒロイン、那美さんのモデルになった女性でした。漱石は熊本五高の教員時代に同僚と二人で熊本小天温泉を訪れて、前田家別邸の離れで数日過ごしています。

九年後の明治三十九年（一九〇六）に、この旅行を思い出して書いたのが『草枕』です。漱石はこの地を桃源郷のように、そして前田卓子の那美さんを、まことに魅力的に描きました。

卓子は父が死ぬと旅館を廃業して、明治三十九年に上京しています。宮崎滔天と結婚していた妹槌子《つちこ》の家に身を寄せたとき、卓子を待っていたのは孫文たちとの出会いでした。その直後から彼女は、かれら革命の志士たちの応援に尽力することになる。機関誌発行に力を貸したり、かれらの日常の世話を焼いたり。ときには危険な橋を渡って密航を支援したことまであったそうです。「革命おばさん」というあだ名をつけられるほど、親身になって助けました。

知人からそうと知らされて、漱石は「あのときの卓子さんが、そんな立派な仕事を」と『草枕』を書いたあとだけに、さぞびっくりしたことでしょうね。

孫文はその後、日本を離れて欧米諸国をまわっています。清朝《しんちょう》打倒の正当性を訴えつつ革命資金の提供を呼びかけたりしておりましたので、やがて世界的にその名を馳《は》せることになります。

宮崎滔天と卓子、そして犬養毅のみならず、明治の日本人はアジアからやって来る人たちを歓待しました。教育の門戸を拡げてかれらの自立・独立を応援しようとしたのです。ところが日本政府は日露戦争に勝って大国主義を国策としたあと、列強相手につぎからつぎへと協定を結んでいくことになる。もうアジアの植民地の小国など相手にしていられるかとばかりに、その手のひらを返した。

協定を結んだフランスからは、ベトナム人留学生を追い返せとプレッシャーをかけられます。余計な知恵をつけるな、革命運動など起こされては迷惑だ、というわけです。日本の為政者はこれに唯々諾々と従うことになる。明治四十二年（一九〇九）にはベトナム人国外退去命令が発令され、日本から地を払ったようにアジアの留学生がいなくなりました。

この二年後、中国で革命が起きる。辛亥革命です。清朝を倒し、中華民国を建国。孫文が臨時大統領の座につきました。このとき革命を主導した孫文、世界から注目を集めますが、残念ながら日本のおかげだなんてひと言も言わなかった。

その三十年後のことです。

太平洋戦争開戦を前にして、大日本帝国は「大東亜共栄圏《だいとうあきょうえいけん》」という標語を掲げます。西欧列強の植民地支配を退けて、日本を中心としたアジアの民族による共存共栄の秩序をつくりあげようというスローガンです。ところがアジアの人びとはだれも信用しませんでした。当然です。いまさらそんなことを言われたって、信じられるわけがない。

そして平成二十九年三月。かつて日本から追い払われたベトナムの、革命の英雄の記念館に、退位を目前にした天皇皇后がわざわざ慰霊に足を運びました。ファン・ボイ・チャウ記念館で天皇が述べた言葉が新聞に出ていました。

「ベトナムの独立に関わった日本との関係を伝えていくことは大変すばらしいことと思います。過去のことを振り返りながら日本がどういう道を歩んできたか、日本の人々が知っていることは大変大事なことと思っています。歴史というものを知って、現在やこれからのあり方を知るということはとても大事なことです」（「朝日新聞」／二〇一七年三月五日朝刊　傍点筆者）

アジアの人びとを兄弟のように受け入れた明治の日本人は、ときを置かず、手のひらを返したかのように、「日本はアジアの盟主」とばかりにジャパン・ファーストとなり、残念ながら中国人、ベトナム人らに感謝されなくなっていた。日露戦争後に日本の為政者が推し進めた政策と、漱石が嘆いた当時の日本の風潮を重ねて改めてこの文章を読むと、コメント中の、「日本がどういう道を歩んできたか」のひと言はとりわけ重い。

天皇も歴史を学んで、「現在やこれからのあり方を知るということはとても大事なこと」といっています。まったくそのとおりとわたくしも同感です。

ほんとうに、歴史には教訓がたくさん転がっているのです。

「現在やこれからのあり方を知る」、じつはそのためにこそ歴史はあるのです。

第五話

「歴史はくり返す」か

アメリカ合衆国第31代大統領ハーバート・フーバー（1874～1964）

（写真提供　共同通信イメージズ）

（一）人間はあまり変わらない

●歴史の似姿

「歴史はくり返す」という有名な言葉があります。古代ローマの歴史家、クルティウス・ルフスというひとの言葉だそうです。「歴史はくり返す」。たしかにそういう面がないではない。「人類は、似たような過ちをくり返している」とか、「以前にもおなじようなことがあった」というようなことは、じっさいありますからね。ですから、わたくしはこの言葉を言下に否定するつもりはまったくありません。が、しかし。時代によって社会状況や政治状況、生活様式も異なりますから、そう簡単には、おなじことがそのままくり返されることはない。というわけで、わたくしは、「歴史は、単純には、くり返さない」という言い方が、正しいのではないかと思っています。

歴史をつくっているのは人間です。人間の感性や考え方や精神といったものは、そうそう変わるものではありません。司馬遼太郎さんは、「日本人は鎌倉時代から変わっていない」と言いました。よく織田信長、豊臣秀吉、徳川家康の三人をもちだして、「鳴かぬなら鳴かせてみせようホトトギス」などと、三通りの人間の型を示して、あいつはどのタイプか、なんてことを言ったりしますが、そうした類型のありようは、いまも変わらず人びとのなかに見いだすことができる。彼らに見られるような特徴をもった人間は今もいます。人間があまり変わっていないのなら、歴史は人間がつくっている以上、ふたたび、三たび、おなじようなことをやってしまう可能性は、たしかにあると思います。

先が見えず、なにが起こるかわからない。世界はいま、そんな不安に満ちています。そこで歴史探偵としていまの世界をどう見ているか、について語ってみようと思います。

いまの世界の不安は、ドナルド・トランプがアメリカ大統領に就任してから拍車がかかりました。これはだれにもわかると思います。いまトランプ率いるアメリカは、オバマ前大統領の政策をすべて否定し、あたかも手のひらを返すがごとくです。経済的には保護主義をとり、外交・軍事的には孤立主義を掲げてその政権をスタートさせました。

アメリカという国は過去に一度も二度も、これとおなじように態度を豹変《ひょうへん》させたことがあります。過去といっても遠い過去ではありません。ついこのあいだのことです。ちょっとむつかしい話になるかもしれませんが、アメリカという国が国の方針をがらりと百八十度ひっくり返し、さながら別の国となったような歴史的事実がある、そのことについて、まず少々長々と説明することにします。これも歴史の面白いところと思いますので。

●人類初の世界大戦

ご存じのように第一次世界大戦は、世界をふたつの陣営にわけた人類史上初の大戦争でした。ドイツ・オーストリア・ハンガリーなどの同盟国と、ロシア・英国・フランスなどの連合国とが一九一四年（大正三）から一八年（大正七）にかけて足かけ五年も激しい戦闘をつづけました。日本も日英同盟にもとづいて一九一四年の八月、ドイツに宣戦布告します。もっとも、これはかたちばかりの参戦でしたがね。

戦争当事国は総力を挙げて戦い、終盤ともなると連合国、同盟国の双方とも疲弊しきっていました。それゆえに相手を圧倒する力が残っていない。勝ち負けがはっきりしなかった。敗戦国となるドイツの国民においてさえ、自国が負けているとは思っていませんでした。のちの、第二次世界大戦時のドイツのように、敵に一方的に押しまくられて首都ベルリンを破壊し尽くされ……というようなことにはなっていなかったのです。

このとき東方正面の戦闘ではドイツ軍が優勢で、西部戦線でもほぼ互角の戦闘がつづけられている。そして開戦いらい、ドイツ国内に敵兵は一人も入っていませんでした。そののちヒトラーに、ドイツは負けていなかったと言わしめたのは、これが理由です。

泥沼の世界大戦を終わらせたのは、アメリカでした。ずっとあとから参戦したアメリカは、圧倒的な戦力でドイツ包囲網を敷いた。北海が海上封鎖され、物資が途絶。さらに戦争の長期化によって厭戦《えんせん》気分が蔓延《まんえん》し、ドイツ国内では反政府勢力による破壊活動が続発するようになる。内乱のような国内をおさめるためにもドイツ帝国は降伏せざるを得ない状況となったというわけです。

そしてついにアメリカ大統領、ウッドロウ・ウィルソンが和平のために動いた。それをドイツが受け入れたことによって、第一次世界大戦はようやく講和に向かうことになるのです。

停戦成立後の一九一九年（大正八）にパリで講和会議が開かれ、講和条約、いわゆるベルサイユ条約が結ばれます。参加代表団は三十二にのぼりますが、会議を支配したのは戦勝国であるイギリス、アメリカ、フランス、イタリア、日本の五大国でした。敗戦国ドイツをはずして勝手に討議がすすめられていく。実質的な主導権はもちろん英米仏です。なかでもそのリーダーシップを握ったのがウィルソン大統領でした。ウィルソンは、自由貿易を推奨《すいしょう》する国際主義者でもありました。

●第一次世界大戦後に起きたこと

かれが唱えたパリ講和会議の理念は何かというと、新たな、そしてよりよい世界秩序をいっしょにつくっていきましょうという理想主義的なものでした。その理念のもと、一九二〇年ベルサイユ条約と同時に、国際連盟が正式に発足します。国際連盟は、総力戦がもたらす凄惨《せいさん》な殺戮《さつりく》と破壊をくり返さないという反省から、平和維持機構をつくろうということでつくられた世界初の枠組みです。

ところが当のアメリカ本国がウィルソン大統領に背反《はいはん》してしまう。というのも十九世紀の前半からずっと、アメリカの外交の基本はいわゆるモンロー主義。第五代大統領のジェームズ・モンローが提唱した中立主義、不干渉主義でやってきて、これを国是《こくぜ》としてきたようなところがあった。その考え方を背景にした上院議会の強硬な反対によってアメリカ自身の国際連盟加盟が否認されてしまうのです。じつはこのとき揉《も》めたのは、アメリカばかりではなかった。わが日本国もそうでした。

国際連盟設立の翌年、ウイルソンの後継大統領、ウォレン・G・ハーディングの提唱でワシントン海軍軍縮会議が開かれます。戦勝五カ国による軍艦の建造競争を抑えるために、軍艦や空母の保有比率が決められることになりました。平和を甦生《そせい》させ、安定的な世界をつくるために軍備を減らそうということですから、この会議の主旨も素晴らしい。

さて、問題はその保有比率です。英米の一〇に対して日本は六。これで日本側が揉めることになるのです。

第一次世界大戦で見せつけられた総力戦の意味を理解していたのなら、戦力とは兵力だけではなく、経済の規模に、つまり全体の国力に比例するということが誰でもわかる。当時のアメリカの推計GDPは日本の七倍とか、八倍くらいでした。この比率に従うと、アメリカ一〇に対して日本は二以下でしょう。GDP比より有利な対米六割を認められたなら、ラッキーと思って当然だったはずです。ところが日本海軍は、六割ではダメだ、あくまで対米七割にこだわった。強硬派が、「軍艦を何隻も机の上で沈められてしまうではないかッ」といきりたって政府を突き上げたのです。

日本の首席全権として会議に参加した海軍大臣の加藤友三郎《かとうともさぶろう》大将は、大事なところをよく見ていました。この軍縮交渉は受け入れるべきだと主導するのです。資源力、工業力、経済規模に大きな差があるアメリカなどとこれ以上に建艦競争をしていたら日本が潰《つぶ》れてしまう。首相の原敬が、国内の軍縮反対派をしっかり抑《おさ》えてバックアップしたこともあって、ワシントンでは条約をなんとか締結にもっていくことができました。

ウィルソンが提唱した国際協調の理念はこのあとも受け継がれ、ハーディング米大統領のあとをうけたカルビン・クーリッジ大統領のとき、戦争を非合法化しようということになって結ばれたのが一九二八年（昭和三）の不戦条約です。この条約は、日本を含め、米英仏伊独カナダなど世界の大国が参加し、十五カ国によって結ばれました。もとはフランスのブリアン外務大臣とアメリカのケロッグ国務長官との協議が発端でしたから、ブリアン・ケロッグ条約ともいわれています。要するに世界平和をまとめあげようと、三代にわたるアメリカ大統領がこの理念をリードしつづけたのです。すなわち新しい世界秩序をつくろうとその先頭に立っていたのです。

しかし条約の批准《ひじゅん》（国会での承認）にあたって、わが日本はまたも揉めております。条約第一条に「人民の名に於《お》いて厳粛に宣言」などとあったものですから、大日本帝国憲法の第一条に「万世一系の天皇之《これ》を統治す」とある天皇大権に反すると、ふたたびスッタモンダとなった。外務省が条約文言変更の要求まで出していますす。当然一蹴《いっしゅう》されましたがね。

けっきょく不戦条約の調印はしたものの、ことほどさようですから、不戦条約の意味についてもまた、軍部の強硬な連中が真剣に考えることはなかったようです。

●アメリカの繁栄とグローバリズム

さて、戦争が終わったとき当事国はもうみんなヘトヘト。経済・産業へのダメージはどうにもならないほどです。とくにフランスの疲弊がひどかった。ドイツから賠償金をとりたてるほかなく、穏便な規模に抑えようというアメリカやイギリスの取りなしにも妥協せず、フランスはものすごい額の戦争賠償金をドイツにおっかぶせた。当初、ドイツの国家予算の二十年分に相当するほどの賠償額を突きつけています。

ドイツ自身も経済が混乱していますから、すぐさま賠償金が支払えなくなりました。見かねたアメリカが調停に入り、結局、終戦から十年近くかかって最終的な賠償額が決まる。相当に減額されたとはいえ、それでも五十九年かけて漸進的に支払うという途方もない賠償でした。

その間、ドイツは通貨マルクが大暴落し、ハイパーインフレに見舞われ、庶民はジャガイモを口にすることすらかなわないというほどの経済破綻に見舞われます。戦争賠償条約に対してドイツ国内では、「奴隷化法《どれいかほう》」だと反発がわきおこるのですが、やむなくこれを受け入れざるを得なかった。

けっきょくドイツの賠償金は、債券を発行してそれをアメリカが引き受けるというやり方で決着をみることになります。フランスもイギリスもアメリカから借金をして戦争していましたので、とどのつまり、第一次世界大戦はアメリカ一国を債権国としたという結果に終わったのです。

こうしてアメリカのみが国威と富を誇りながら世界のリーダーシップをとることになりました。第一次世界大戦後の、アメリカの主導によってもたらされた国際連盟を中心とした新しい平和秩序。これがいうところのベルサイユ体制です。

ワシントン海軍軍縮条約による、東アジア・太平洋地域での秩序の構築、つまりワシントン体制と、ヨーロッパ諸国の秩序回復をもたらしたベルサイユ体制によって世界は安定をみるかと思われました。このまま世界大戦後の均衡と不戦が十年、二十年とつづいていたならば……。

歴史に「もしも」はないと言うけれども、もしこのアメリカの繁栄が、グローバルに影響をもたらしつつ、より長期間にわたってつづいていたら、偏狭なナショナリズムを煽《あお》るファシズム勢力、すなわちヒトラーのナチス・ドイツや、強権で国民を抑圧しつつ国の拡張を目指すスターリンのソビエト連邦、そして軍国主義日本などの暴走を押しとどめることができたのではないか。それらが、世界を引っ掻《か》き回すようなことはなかったのではないかと思えてなりません。

では、いったいなにがこのワシントン体制を壊したのか。

それはニューヨーク・ウォール街、証券取引所からはじまった株式市場の大暴落でした。

●崩壊は突然に

パリ不戦条約締結の翌年、一九二九年(昭和四)十月二十四日のことです。この日は木曜日だったので、「暗黒の木曜日」と後年言われることになる。

まずは大暴落の直前、アメリカがいかに金持ちであったかを示す数字を紹介します。世界のGDPのじつに三四・四パーセントをアメリカが占めていました。三分の一以上です。イギリスが一〇・四、ソ連が九・九、フランス五・〇、わが日本にいたっては四・〇パーセントでした。アメリカはそれだけの経済力をもって世界をリードしていた。

そこにもたらされた大暴落で、アメリカの経済は未曾有《みぞう》の大打撃を受けるのです。株価はジリジリ下がり続け、一九三二年七月にはダウ平均株価がピークの十分の一にまで下がった。失業率は三三パーセントにまで上昇。つまり三人に一人が職を失った。アメリカに依存していた世界の経済は、この株価大暴落の波をもろにかぶることになる。世界規模の大不況が襲い、それでなくても戦争で傷んでいた各国の経済を、崩壊の淵《ふち》にまで追い込むことになるのです。

このとき日本は、間の悪いことに金解禁《きんかいきん》（金輸出解禁）に踏み切ってしまう。

ニューヨークの株式市場の大暴落からおよそ一カ月後。井上準之助《いのうえじゅんのすけ》大蔵大臣は翌昭和五年（一九三〇）一月に金解禁を実施すると声明を発します。金融恐慌、関東大震災とつづいた国内不況を打破するための、金融政策の大転換でした。米国の株下落は一時的なもので長続きしないだろう、すぐに回復するから不況にはならない。そんな甘い予測がありました。しかし蓋を開けてみたら、不況打破など夢のまた夢。ダウ平均株価が十分の一になるのと歩調を合わせ、日本もまた、不況の坂をころげ落ちるのです。

日本では猛烈な円売りドル買いが進行し、財政・金融当局のねがいとは逆に金の流出がとまりません。また最大の貿易相手国だったアメリカの不況によって、生糸や綿花など日本の主要輸出品が八分の一から十分の一に大暴落。生産農家を直撃しました。さらに運の悪いことに東北は冷夏による歴史的な凶作です。農家では口減らしの、娘の身売りが横行して社会問題になりました。じつは金解禁は、不況下のデフレ政策という、最悪の経済政策だったのです。後年の経済学者からは、これが不況をより深刻なものにしたと言われています。

●フーバー米大統領の政策転換

一九二〇年（大正九）の国際連盟から一九二九年（昭和四）暮れまでのじつに十年間。この間アメリカは世界平和のために新しい秩序をつくろうと努力を傾け、その先頭に立ち、他国に対する積極的な経済援助もしてきました。大きな理想を追求する国でした。ところが暴落が起きたとたんに、なんと、一挙に政策を変えることになるのです。

当時のアメリカ大統領はハーバート・フーバーです。「暗黒の木曜日」が起きる七カ月前、三月に就任したばかりでした。かれは大恐慌を機に、それまでの政策をひっくり返した。ベルサイユ・ワシントン体制における「自由・開放経済体制の維持発展」という目論《もくろ》みは、完全に打ち捨てられます。

フーバーのとった政策はグローバリズムから、いまでいう「アメリカ・ファースト」、一国主義への転換ともいうべきもので、その筆頭が国内産業にたいする保護政策でした。輸入品にかける関税をとんでもない高さにまで引き上げたのです。

これはスムート・ホーリー法といいます。もともとはアメリカの農業を保護するために農産物の輸入に高い関税をかけようとした法律ですが、このときフーバーは工業分野にも適用しました。関税率が四〇パーセントを超える場合もあったというからもの凄《すご》い。自殺者が続出したといわれる株式市場パニックの直後ですから、フーバー大統領もそうとう焦《あせ》ったに違いない。冷静さを失った。多くの経済学者が反対を唱えるなか、抵抗むなしくこの法律は成立するのです。これが一九三〇年の六月のことでした。

アメリカが高い関税をかけると相手国は対抗上アメリカからの輸入品に高い関税をかけざるを得なくなる。けっきょく関税の報復合戦を呼び込み、世界の貿易を縮小させてしまったのです。経済を拡大して景気を浮揚《ふよう》させることが必要だったのに、まったく逆のことをしてしまった。関税を高くして権益を囲い込むこと、これをブロック経済と言います。フーバーのブロック経済政策は、世界恐慌をより深刻なものにしました。

先にも述べたようにアメリカは、十九世紀以来、モンロー主義（対外不干渉主義）に代表される一国主義でやってきた。第一次世界大戦も終盤まで、参戦をためらっていたほどでした。それを軌道修正してグローバルな共存・平和主義を掲げたというのに、十年にして完全なる撤退でした。

このときフーバーは世界をリードするという役割をも完全に放棄《ほうき》した。ウィルソン流の理想主義は、吹き飛んでしまったのです。アメリカの政策転換を受けてヨーロッパの国々も右に倣《なら》え。みな保護主義になり、不干渉主義へと向かっていく。そのためにせっかくこしらえた国際連盟という国際機関が、まったく力をもたなくなってしまいます。

●予感と憂い

どうですか。これが非常にハッキリとアメリカの国策がひっくり返ったときの、いちばんわかりやすい実例といえるかと思います。ウィルソンの理想主義は吹っ飛んで、フーバーのアメリカ第一主義が大手をふって歩きだし、世界は第二次世界大戦への第一歩を踏みだしたときでありました。

もう一つの例は、ある意味では、ついこの間ともいっていいときなのです。オバマ大統領の八年間のことを思いだしてみてください。その前の大統領ブッシュ（息子）がイラク戦争をはじめ、さらにアフガニスタンに攻めこんで、世界を大混乱に導いた。これまた八年間でしたが、そのあとをうけて、何とか戦乱を収めて、世界に平和を、とさんざんに苦労しました。チェンジをスローガンにして、「世界の警察官」であることをやめ、核廃絶の先頭に立つことを声明して、アメリカはとにかく新しい秩序をつくるべく一丸となって苦労を重ねてきました。しかし、オバマの八年間でこの世界平和のための理想主義はもう嫌《いや》になったのでしょうか。疲れきったとは思えませんが、ふたたびアメリカ・ファーストで、保護主義と孤立主義の政策をよしとする国を、アメリカ国民は選んだのです。

グローバル化の反動といえば、それまでのことですが、ことによったらアメリカ国民には八〜十年間を限度に、やみくもにチェンジするのを好む傾向があるのかと、そんな風に意地悪く思いたくなるのですが。いずれにしても、一連のトランプ現象と、その自国中心主義の政策を思い起こすとき、わたくしの胸にはひとつの予感と憂いが去来します。

いまの国際社会はかなり危険な水域に近づいているのではないか。一九三〇年代の前半の世界に似てくるのではないか。なぜならば、トランプ流の内向き指向の政策は、世論の支持をひろげながら確実にヨーロッパに伝播《でんぱ》しつつあるからです。EUなんかもうイヤだ、われわれを脅《おびや》かす移民を追い出して、かつてのような自分の国に戻したいというかけ声が、ヨーロッパにも響いています。イギリスはもはや移民排除の方向に転換しました。いまフランス、オランダ、イタリア、下手《へた》をするとドイツまでもが、排外主義をとりそうな雰囲気です。極端な排外主義をかかげる勢力が国の指導者に選ばれる可能性さえあります。

くりかえしますが、大正九年（一九二〇）の国際連盟成立からウオール街の大暴落までの十年間、世界は非常にグローバル化しました。不戦条約をはじめ、いろんなことで世界は手を携えていこうとした。それが昭和四年（一九二九）の大暴落を契機にひっくり返り、反動として自国中心主義となり、各国が自国の国益だけを追求した。協調主義であった世界が、経済的、軍事的対立構造にもどっていった。

各国が内向きの自国中心主義になると、他国との関係には緊張感がうまれ、強力な指導者へ権力が集中するようになります。周辺国との対立構造は、軍事力を優先した政策にひきずられ、やがては軍国主義やファシズムの出現を許すことになる。けっきょくあれほど痛い目を見て懲《こ》りたはずの第一次世界大戦を経験しながら、ふたたび大戦争へと至ってしまった。

さて現在、もういっぺんおなじようなことが起きつつあるのか。

ノーとは断言できません。昭和のはじめの日本陸軍のように、世界列強が自国本位になっているスキを利用してよその領土を狙っている国があるか。ないとは言い切れない。たとえば北朝鮮。あの国の独裁者はチャンスと思っているかもしれません。中国はどうでしょうか。かの国はいま経済成長が伸び悩み、環境汚染や経済格差への憤懣《ふんまん》といった負のエネルギーが国民のなかに充満している。その国内事情は昭和初期の日本と、少しく似ているようにも思えます。

難しい国内問題を解決するために、いちばん手っ取り早い方法は外から新たな市場や資源を引っ張ってきて、国内問題を忘れさせるというやりかた。拡大主義です。手っ取り早いとはいえ、当然ながら周辺国と激しい軋轢《あつれき》が生じます。それは戦争のリスクとなります。

いま世界は、高速鉄道や飛行機などの交通手段が発達してヒトとモノがどんどん移動しています。世界中で携帯端末をたいへん多くの人びとがつかっていますから、情報は瞬時に国境を越えていく。昔はそんなものなかったですからね。いまはほんとうに世界は狭くなったと言えます。かつてのようにグローバル化を拒否して情報をシャットアウトし、孤立主義を押し通すことは難しくなっている。そうして見ると、昭和初期のように、どこの国も自国ファーストになってしまうようなことはないのかな、とも思います。

そう思いながらも、近ごろの世界情勢を見ているとどうも……。移民はテロリストである、というような虚構が、すでに欧米ではまかり通っています。自国ファーストだけで済んでいるうちはいいのですが、これがしだいに排外主義になり人種差別主義になっていくと、これがおっかない。

また逆な見方をすると、どんなに世界中が電子端末でつながっていても、それゆえにニセ情報がいっぺんにひろがり、危ないのではないか。そんな不安がわたくしにはあります。じつは最近ようやく携帯電話を持つようになったという遅れすぎた人間ですので、いまの電子端末でつながった世界についてとやかく言う資格などないのですがね。

（二）昭和史のおさらい

●石原莞爾という軍人

前項の終わりのところで、「昭和のはじめの日本陸軍のように」と書きました。「エッ私たちの国はそんな悪い国だったのか」と思われる方もみなさんのなかにはおられるかもしれません。これはやっぱり、少々くどくなりますが、説明しておかなくてはならないでしょう。いまの世界の情勢と比較的によく似ている昭和六〜八年ごろの昭和史のおさらい、ということで、もう少し我慢して下さい。

それに念のためにいいますが、日本陸軍だけではなかった。世界の国々の自国第一主義をチャンスと考えて、世界秩序をひっかき回した国、というか人物がほかにもいたのです。これが手塚治虫《てづかおさむ》さんの漫画「アドルフに告ぐ」で有名なヒトラーです。そしてもうひとり、ソ連（いまのロシア）の独裁者スターリン。この二人も忘れてはなりません。人間が歴史をつくる、とさきほどいいましたが、歴史がまた人間をつくることもある。歴史の面白さとは人間とは何かを知ることの面白さでもあるわけです。

というわけで、一九三〇年代前半の昭和史のおさらいをいたします。

アメリカをはじめとする国際社会がみな内向きになったこのとき、じつは、日本の陸軍には陸軍大学校優等卒の少佐、中佐クラスの中堅秀才参謀がズラーッとそろっていました。ときにかれらは三十七、八歳。かれらが共有していたのは、「長州《ちょうしゅう》陸軍」といって陸軍をずっと牛耳ってきた長州閥《ちょうしゅうばつ》（山口県出身）への反発心です。才能や力量よりもその出身地のフィルターを通して行われる派閥人事の理不尽と非合理に、我慢ならない思いを抱いていました。かれらのなかで、頭ひとつ図抜けた俊英が山形出身の石原莞爾《いしはらかんじ》という陸軍中佐でした。かれは国際情勢の変化をじっと見ていた。そして「いまがチャンスだ」と思ったようなのです。

この石原莞爾は昭和三年（一九二八）に関東軍作戦主任参謀として満洲《まんしゅう》（中国東北部）に赴任しています。関東軍とは、中国東北部の関東州《かんとうしゅう》と呼ばれていた地域の防備と南満洲鉄道（通称、満鉄）の保護をするために日本陸軍がおいた部隊です。昭和四年（一九二九）七月に書き上げた論文、「満蒙《まんもう》問題解決案」のなかで石原は、満洲を領土とすることが「日本の活《いく》る唯一の道」であり、不景気や失業問題は満蒙領有によって解決されると主張しました。さらに石原は、きたるべき国家総力戦を戦うためには、満洲および中国の資源が不可欠と考えた。満洲占領は、それゆえに彼らにとってまことに重要なる戦略だったのです。

もとはといえば、という説明をここで少々。

日露戦争で日本が勝利した結果、それまでロシアが持っていた、清国《しんこく》から譲りうけた満洲での権益を日本が肩代わりすることになる。その満洲を軍政統治するための機関として、行政権と警察権をもった関東都督府《ととくふ》（日本の外地統治機関）を置きました。これが関東軍の前身です。

石原莞爾（1889〜1949）

鉄道の経営になぜ軍隊が付いてくるのかというと、南満洲鉄道の権益には、鉄道の経営権と同時に沿線の経営権、炭鉱の採掘権のほかあらゆる事業の権利、さらには行政権、警察権までも含まれていたからです。それらをしっかりと守らねばなりません。

本来、ロシアの南下を食い止めるためにこの地に部隊を置いておく、そのための鉄道経営だったのですが、満鉄経営そのものの果実の大きさに、満鉄も関東軍も早々に気づいたのでした。

というわけで石原莞爾は、世界が自国最優先のブロック経済で身構えるという流れのなかで、満洲を手がかりに自分たちのブロックをつくろうとした。当時日本は、南満洲を支配下においていましたが、北満洲と蒙古はいまだソ連の影響下にあり、西の遼寧省《りようねいしよう》、熱河省《ねつかしよう》はイギリスが権益をもっていました。現状では不十分かつ不安定。石原をはじめとする参謀らが目指したのは、満洲全土に支配圏を拡大し、中ソ国境まで日本の勢力圏を確保することでした。中ソ国境には黒龍江《こくりゆうこう》、小興安嶺《しようこうあんれい》、大興安嶺《だいこうあんれい》など容易に越境できない自然の大河川や壁がある。ここまで拡《ひろ》げることによって、ソ連とは国境を接するいっぽう、より対峙しやすいと、石原たちは考えたのです。

この戦略に連動するかのように活動していたのが満鉄調査部《まんてつちようさぶ》でした。この組織は、初代満鉄総裁の後藤新平《ごとうしんぺい》が満鉄創設当初から設置した調査部門です。一般的な調査研究の範囲を超えて、いまでいうインテリジェンス、情報収集活動も行なっていました。とくにロシア班はソ連の世情から政府機関の動向まで精通する人物を擁しており、かれらも全満洲占領作戦を唱えていました。そうした動きに呼応するように、日本内地の政財界からも満洲はその重要性が注目され、昭和五年（一九三〇）には〝満蒙《まんもう》は日本の生命線〟と広言されるようになっていくのです。

●スターリンのソ連の動き

いっぽう、一九一七年（大正六）のロシア革命を経て、内戦の末に一九二二年（大正十一）、ソビエト連邦が成立しています。レーニン亡き後、スターリンがトップの座に座るのが一九二四年（大正十三）。しかしスターリンの権力はまだ盤石ではありません。そこで政治闘争をしばしばやって政敵をつぎつぎと中央の政治局から追放し、その後もあまり目立たぬように、反対派の粛清に血道を上げていきました。

レーニンの死から四年目の一九二八年（昭和三）。スターリンは権力固めのいっぽうで、社会主義化、近代化を進めるため、第一次五カ年計画を実施に移しています。ソ連を工業国へ引き上げることは、西ヨーロッパに対抗するために一刻もはやく取り組まなければならないことでした。つまりスターリンは、いまのところは内政で手一杯。外国と戦争している場合ではなかったのです。石原莞爾らはその状況を的確に把握していたと思います。日本が深く満洲北部に出ていってもスターリンは静観するに違いない、出てこない、と。

日本陸軍の仮想敵は、明治いらいロシアです。明治四〇年（一九〇七）策定の「帝国国防方針」以来、かわりません。日露戦争の復讐《ふくしゅう》戦をロシアがいずれ挑んでくるに違いないと見て、日本陸軍はソ連を恐れていました。日本陸軍の中枢部は、ソ連との緊張を高めることになる危険な満洲占領作戦などやってはいかん、と、石原らの計画を容《い》れなかった。不穏な動きを察知した幣原喜重郎《しではらきじゅうろう》外務大臣の要請を受け、南次郎陸軍大臣は関東軍を止めようとしますが、失敗します。

関東軍の中堅参謀らは、陸軍中枢を占める古い考えの年寄り連中に従ってなどいられるものかと、反発こそすれ、忠告も制止の命令も聞きません。今こそ千載一遇《せんざいいちぐう》の好機だ、とばかりに起こしたのが昭和六年の満洲事変だったのです。

どうして「いまがチャンス」と思ったのか。世界恐慌、大不況の渦のただ中に各国が巻き込まれ、世界の指導者たちは自分の国のことに精一杯となってしまっていた。自分の国ファーストなのです。いまならわざわざ兵力を割《さ》いてまで他国が介入してくることはない。そういう目算が、はっきりありました。

石原莞爾中佐に、板垣征四郎大佐を中心とする関東軍の幕僚たち、朝鮮軍（朝鮮に駐留している日本の軍隊）参謀の神田正種中佐、そして参謀本部の中堅参謀たち。たぶんかれらは恐る恐る謀略によって戦争を起こしたのではない。成功を確信して実行したのだろうとわたくしは思っています。

●計画通りに満洲事変勃発

昭和六年（一九三一）九月十八日、午後十時二十分。満洲の奉天《ほうてん》（現在の瀋陽《しんよう》市）の北方にある柳条湖《りゅうじょうこ》付近で満鉄の線路が爆破されます。関東軍はその直後、中国軍による犯行と発表し、たちまち自衛のために攻撃を開始した。満洲事変の勃発でした。

首相の若槻礼次郎《わかつきれいじろう》は、事件翌日の閣議で「戦局をこれ以上拡大せず、わが軍優勢を持したるときに打ち切る」という決定をして、軍事的な衝突が広がらないことと、出来るだけ早く事態を収めることを政府の方針としました。ところが関東軍はこれを無視します。満洲全域を制圧すべく、計画どおりぐんぐん軍を進めてしまう。たった一日で南満洲の十八もの主要都市を占領しています。この二日後、林銑十郎《はやしせんじゅうろう》中将率いる朝鮮軍が、陸軍中央の許可を受ける前に、勝手に越境。これもあらかじめ示し合わせています。政府はしかたなくこれを追認することになってしまいました。このように手際《てぎわ》よく各地を占領できたのは、石原らが時間をかけて緻密《ちみつ》に計画してきたからです。偶発的な事件に対処しての軍事行動では、けっしてありませんでした。

報《しら》せを受けたソビエトの軍部のなかには、満洲出撃の強硬意見も出たらしいのですが、スターリンがこれを抑えています。いまは何をおいても日本との友好関係を維持し、衝突は避けるという意思に揺るぎはなかったのです。

そのいっぽう、中国国民政府トップの蔣介石《しょうかいせき》は事件の直後に、関東軍の不法行為を停止させるよう国際連盟に提訴しています。しかし蔣介石もソ連のスターリンと同様、国内問題で大わらわになっていた。異なる場所で異なる軍閥相手との内戦の指揮をとり、苦戦を強いられていたのです。ひとつは毛沢東《もうたくとう》率いる中国共産党、もういっぽうの相手は、国民党内の反・蔣介石勢力です。万里《ばんり》の長城《ちょうじょう》の向こう側にある満洲の曠野《こうや》にまで、とても手が回るような状況下にはなかった。このこともまた、石原らはよく承知していたはずです。そしてじっさい中国からも、反撃らしい反撃はありませんでした。満洲事変は自国第一主義となっていた世界情勢のちょっとしたスキをついた、絶妙のタイミングを見計らって起こされた謀略でした。

では このとき国際連盟はどうしていたか。

●そのときのアメリカは？

中国の提訴をうけて国際連盟理事会は九月三十日になってやっと、日本に対して軍を満鉄付属地内に撤退するよう勧告する決議を行ないます。が、しかし連盟理事会は決議を、当事国に、この場合、日本にですが、強制する権限をもっていないのです。

国際連盟の常任理事会は、イギリス、フランス、ドイツ、イタリア、日本の五カ国。繰り返しになりますが、アメリカは入っていません。ニューヨークの株大暴落から世界恐慌に突入した真っ只中《まっただなか》にあって、欧州諸国はいずれも不況対策や経済の建て直しなど、内政に手一杯でした。イギリスをはじめ常任《じょうにん》理事国は腰が引けて、なにも動かなかったに等しかった。はるか遠くの極東の中国東北部で、アジアの国どうしがイザコザを起こしていても、さしたる関心事ではなかったのだと思います。石原莞爾のもくろみ通りでした。

では、国際連盟に加わっていなかったアメリカはどうだったのか。こちらも不況のど真ん中で喘《あえ》いでいました。一九三一年春の失業者数は八百万人とも言われました。この年の秋には、最大の鉄鋼会社USスチールが一六パーセントもの大幅の賃下げを断行。もちろん鉄鋼業だけではなく、労働者の賃金は軒並み下がっていきました。

満洲事変の第一報がワシントンにとどいたとき、ホワイトハウスはイギリスが金本位制を突然に停止すると決めたことに頭を痛めていました。「ドル買い」の嵐によるドルの急騰に戦々恐々だったのです。日中の局地戦など、まともに取りあげる気などさらさらなかったといいます。

けっきょくアメリカ政府が国際連盟の撤退勧告を積極的に後押しすることはありませんでした。そのいっぽうでスティムソン国務長官に抜かりはなかった。幣原喜重郎外務大臣に電話をかけて、戦線は奉天で止めて錦州《きんしゅう》まではいかないことを要求し、これを承知させていたのです。

ところが、陸軍参謀本部からこの命令が届く前に、石原莞爾はさらなる独断専行を行なってしまう。

十月八日、関東軍飛行部隊による錦州爆撃です。これがスティムソンを憤慨させた。かれは「これはわが国が承認しがたい侵犯《しんぱん》である」と日本に対する抗議を世界に向けて公表しています。関東軍は、「錦州に中国軍が兵力を終結させたため、予防措置としてこれを駆逐《くちく》した」との反論を公式発表。あくまで自衛行為だと開き直ったのです。十月二十四日にはついに、国際連盟は日本軍の満洲撤退を勧告します。それでも日本軍は、満洲各地に占領を拡大していきました。

年が明けると、国際世論も日本に対する批判を浴びせるようになっています。一九三二年

（昭和七）一月二十五日、国際連盟理事会が開会されたとき、日本代表は「わが国は満洲においで領土的意図を有するものではない」と説明しますが、理事国の代表たちは受け入れません。満洲の現状を調査するための調査団を組織して送り込むことを決議したのです。

そんな国際社会の動きを横目に、関東軍の動きはとどまるところがありません。

●戦火が上海に飛び火して

一九三二年一月二十八日。世界の目を満洲からそらすため、中国第一の国際都市だった上《シャン》海《ハイ》で国民党軍に攻撃をかけました。第一次上海事変です。これも謀略による「突発的戦闘」です。ただし、このときは昭和天皇の停戦命令が功を奏《そう》して拡大には到《いた》らず、中国軍が退却し、およそひと月後に停戦になりました。

こういうと、スンナリ終息したように思われるかもしれませんが、さにあらず。今度は「柳条溝《りゅうじょうこう》」とはまったく異なる多大な反響を国際社会にあたえてしまった。

上海といえば当時、東洋のパリとも称された国際都市です。中国に進出している米英仏など、列強の権益の八割方がここ上海に集中していましたから、この地に戦火が飛び火したというのは一大事なのです。とりわけ大きな権益を維持しているアメリカとイギリスにとっては黙認できるものではありません。生活の場でもある租界《そかい》と呼ばれたエリアには各国の居留民《きょりゅうみん》が大勢います。邸《やしき》を構えた実業家も数多くいました。米英は、もはや傍観などしてはいられなくなって、日本に対する態度は一挙に硬化します。

上海事変勃発の報せを受けて激怒したのがスティムソン国務長官でした。ついに堪忍袋《かんにんぶくろ》の緒《お》が切れたと言っていい。「アメリカ・ファースト」のフーバー大統領を説き伏せて強烈な抗議声明を発表した。「日本信ずべからず、これは連盟規約、九カ国条約、不戦条約違反の侵略戦争である」と。

九カ国条約とは、中国の門戸《もんこ》開放《かいほう》、機会均等、主権尊重などをうたった、日米を含む九カ国による取り決めで、中国で紛争を起こさないための合意です。これもワシントン条約体制を支える条約でした。イギリスやロシアに先を越され、中国の市場に遅れて参入したアメリカにとっては実利に直結するとりわけ重要な約束事でもあったのです。

●反日・反米の盛り上がり

アメリカは非加盟国でありながら、蔣介石の提訴をうけて開かれようとしている国際連盟理事会にも、オブザーバーとして出席するというのですから、その怒りの激しさがわかります。アメリカの新聞も黙っていません。「中国という弱者をいじめる悪者日本」というわかりやすい構図を描いてアメリカ世論に訴えた。日本のイメージは日々悪化し、世論もどんどん硬化していきます。

しかし、米英が行動に移す前、関東軍司令部は先手を打つように、満洲国建国のための準備を着々と進めていました。天津《てんしん》の日本租界に保護していた、清朝最後の皇帝溥儀《ふぎ》をかつぎ出して、新生満洲国の元首に据えようというのです。建国の具体的な構想も練り上げ、満洲でゲリラ活動をしていた軍閥《ぐんばつ》も抱き込んで、お膳立てを整えた。そして三月一日、「満洲国建国宣言」を世界に発します。あっというまの出来事でした。世界史的に見ても、ひとつの独立国が、あれほどあっさり出来あがった例はないでしょう。もちろん謀略によってつくられた傀儡《かいらい》国家でしたがね。

当然予想される国際社会の反発に対して、石原莞爾らは、あらかじめ対抗する論理を用意していました。いわく関東軍が満洲で軍事行動を起こしたのは、不戦条約にうたわれた自衛のためである。さらに満洲国の建国は、満洲に居住する満洲族、蒙古族、漢族、朝鮮族、日本の各民族協調による建国であって、まさに連盟規約にある民族自決である。また張作霖《ちょうさくりん》、学良《がくりょう》父子の軍閥が長年民衆を圧迫しており、そこからの解放をめざした独立である、というもの。つまり、かなり強引なストーリーでした。

今度はアメリカ海軍が反応しました。大西洋にあった偵察艦隊を太平洋に移動させたのです。ハワイを根拠地とする戦艦部隊と合同で、太平洋で大々的な春季戦闘訓練を行なった。これは日本に対する戦力誇示のデモンストレーションであり、まごうかたなき威嚇でした。

この演習が終わった五月、アメリカ海軍は「偵察艦隊は大西洋には帰らせない。九月末まで太平洋に残留させる」と発表。日本海軍はこのアナウンスメントに愕然《がくぜん》とします。フーバー政権の一国主義・静観主義の政治方針からは考えられないような強硬策だったからです。日本海軍の仮想敵《かそうてき》は、陸軍とは異なりアメリカですから、わがホームグラウンドたる太平洋に自国の大艦隊をもって居座《いすわ》るアメリカは、日本海軍にとってもはや「仮想敵」ではなく真正の敵として映ったに違いない。

これで日本の反米意識が大いに盛り上がってしまいます。怒ったのは軍部だけではありません。政治家も怒った。新聞も怒った。新聞を読んだ帝国国民が怒った。なにしろ国民は新聞報道を読み、「柳条溝」も錦州も上海さえも、自衛の措置であったと思っています。満洲国が傀儡国家とはつゆ知らず、五族協和《ごぞくきょうわ》によるれっきとした独立国家だと信じている。

われわれ日本人は、大国の仲間入りをして一等国として、アジアの独立を手助けし、満洲国建国という偉業を成し遂げ、民族の独立を見事もたらした。そして満洲の大地に理想郷《りそうきょう》を、王道楽土《おうどうらくど》を建設していくのだと、自己陶酔に陥《おちい》っているようなところがありました。というわけで、悪いことなど何もしていないのにそれを批判するとはなにごとか、と人びとは怒り、アメリカへの敵愾心《てきがいしん》を募《つの》らせ、日本の世論はがぜん「アメリカ討つべし」となっていったのです。

ところで満洲事変を契機に軍事行動が続いたために、税金はどんどん軍備にまわされていきます。国家予算に占める日本の国防費の比率はあっというまに六割を占めるまでに膨張していました。

●アメリカ討つべしの狼煙

反米世論の沸騰を背景に、昭和七年に山ほど出版されたのが、「日米もし戦わば」という主題の本でした。いくつか例を上げます。

伊達龍城『日○もし戦はば?』(二月)
宗孝社編輯部『覚悟せよ! 次の大戦』(四月)

仲磨昭久編『世界知識増刊　日米戦う可きか』（四月）
石丸藤太《いしまるとうだ》『昭和十年頃に起る日本対世界戦争』（五月）
鈴木亨『日本危し』（五月）
中島武『日本危し！　太平洋大海戦』（六月）
池崎忠孝『宿命の日米戦争』（十月）
井上一次『日米戦争の勝敗』（十一月）
水野広徳《みずのひろのり》『打開か破滅か興亡の此一戦』（十月）

この中から、中島武『日本危し！　太平洋大海戦』の序文の一節を紹介します。

「おもうに輓近《ばんきん》国際の紛争は年をおって激化し、世界は依然として虚偽の平和を如実に暴露し、猜疑《さいぎ》と脅威、欲望と排他とはかれらの常套《じょうとう》手段にしてその間信義も道徳もことごとくその影を没し、ただそれ自己勢力の拡張と人種的偏見の無謀とに邁進《まいしん》しつつある。満洲上海事変を一貫するわが正義の鉄槌《てっつい》にたいしかれらに正しき認識なきは正しき認識なからしむがゆえにあらざるなきか。今や明治大正は去り、昭和維新の一大旋風こそ、刻一刻に迫りつつある運命なりというを得べく、満洲上海の事むしろこれが序幕たらずんば幸いなるべく。見よ紫雲靉靆《たなび》く亜細亜《アジア》の天地、怒濤《どとう》逆巻《さかま》く太平洋こそ、いま実に全世界環視《かんし》の檜《ひのき》舞台にしてこれがまた必ずや乾坤一擲《けんこんいってき》来るべき争覇《そうは》戦場たるべし」

難しい言葉をたくさん使っておりますが、簡単に言うならこういうことです。

「アメリカはきれいごとを言っているが、その実、自分の利益のために勢力をひろげ、人種差別を平然と行なっているではないか。満洲事変も上海事変も暴虐《ぼうぎゃく》なる中国への正義の鉄槌なのに、それが奴《やつ》らにはちっともわかっておらん！　満洲も上海も序幕に過ぎない！　太平洋という大舞台こそ日米の雌雄を決する戦場としなくてはならんのだ！」

というような意味です。いやはや、まことに好戦的な物言いですな。こういう威勢のいい口撃は大衆に受けるんです、昔も今も。

これらの近未来戦記は、その多くがベストセラーとなり、大国アメリカにたいする畏《おそ》れを煽《あお》って反米意識を焚《た》きつけていきました。

●沸騰と冷却のあとに

国民を煽ったのは本だけではありません。じつはわが古巣、文藝春秋もやっておりまして、当時の目次を繰って見ますとすごい内容の記事が載っていた。

四月特別号に掲載されたのは「上海事変と世界大戦座談会」。出席者はというと、軍事評論家にくわえて陸軍参謀本部から中堅クラスが出席。断固アメリカ討つべし、とオダを挙げています。七月号では、「太平洋攻略戦術」という特集を組んでいる。石丸藤太が「布哇《ハワイ》攻略」、水野広徳が「加州（カリフォルニア）攻撃」、平田晋策《ひらたしんさく》が「フィリッピン攻略」を、つまり具体的に戦闘地域まで特定して、熱くその戦い方について語っているのです。誌上では早くも対米戦争がはじまっている。

さらに九月号がすごい。陸軍の重鎮、荒木貞夫《あらきさだお》大将を呼んで、作家にして文藝春秋社主の菊池寛《きくちかん》と、菊池の親友、直木三十五《なおきさんじゆうご》が聞き役になりました。荒木大将がまことに威勢がいい。いかなる国であろうともわが国の進路を阻《はば》むものあらば、残らず撃破してみせると怪気炎《かいきえん》をあげていました。要するにこの時期、日米の関係悪化はかなり危険なレベルにまで達していたことがわかるのです。

しかしフーバー大統領の自国第一主義が、結果的には日本のヒートアップに水をかけて、冷ましてくれました。もともとアメリカとしては、わざわざ遠い中国のために日本と戦争するなど馬鹿バカしいという考えです。アメリカ政府が偵察艦隊を昭和八年（一九三三）一月までに大西洋に帰港させると発表したことで、日本の世論もヤレヤレとばかり静かになっていくのでした。

アメリカの駐日大使だったジョセフ・グルーの日記、『滞日十年』に、興味深い記述がありました。国務長官にあてた、極秘扱いの書簡の文面です。熱く盛り上がっていた反米運動がおさまった様子をグルーはこう報告。昭和七年（一九三二）十二月二日の記述です。

「現在のところ新聞の反米運動は、事実上消滅しました。私は某がこれに関係していると考えたし、また天皇自身からもこのような意味の命令が、何か出されたのではあるまいかと思います。最近陸軍省の新聞班が全部更迭《こうてつ》したのも注意すべきです。新たに新聞班勤務を命ぜられた将校の一人は、（中略）当大使館の陸軍武官がニコニコしながら、君が新聞の反米運動をやめさせてくれることを希望するといったら、彼はそれこそ正に自分がしようとすることだと返事しました」

昭和天皇の弟である秩父宮《ちちぶのみや》や牧野《まきの》伸顕《のぶあき》内大臣らと交流があって、宮廷人脈に近かったグルーは、昭和天皇とその側近が沈静化のためにひと役買ったと見ていた。じっさいそうであったと思います。日米戦争の危機が去ったことはめでたいことでした。が、しかし。戦争熱は終息したけれど、いったん燃え上がった反米感情と被害者意識を日本人は消化できずにおかれてしまった。それらが熾火《おきび》として日本人のこころの奥に燃え残った。このとき、つぎの大戦につながる導火線が埋め込まれたことは、このあとの昭和史のあゆみを見れば明らかです。一時的であれ民族が熱狂的になることの恐ろしさを、わたくしたちは歴史的教訓として胸に刻みたいと思います。

日本の国際社会に対する感情を刺激した、もうひとつの動きにもいちおう触れておきます。国際連盟が満洲の実情を調査する目的で派遣した調査団のことです。

欧州の各国が自国第一主義で満洲事変に関心が薄かったことは、先にお話したとおり。英国の貴族リットン卿《きょう》を団長に、アメリカ、フランス、ドイツ、イタリアの各国委員による調査団が、最初の調査地の東京に到着したのは事件勃発から半年ちかくも経《た》った昭和七年の二月二十九日（閏年《うるうどし》でした）。

リットン調査団一行はその後中国各地を視察し、柳条湖の線路爆破現場にも出向いています。結局、調査に七カ月を費やして報告書をしあげるのですが、当然ながら日本の軍事行動を自衛とは認めません。満洲国についても自発的な独立運動による建国とは捉《とら》えられませんでした。

しかし、じつは連盟は、全面的な否定ではなく、満洲に地方自治政府をつくることには同意しています。日本の満洲権益についても認めており、中国との協調によって平和的に妥協するよう、暗にすすめていたのです。けれども日本はこれに同意しなかった。結局、昭和八年（一九三三）三月に国際連盟から脱退し、それを「栄光ある孤立」と得意とします。ワシントン軍縮条約についても破棄する道を選ぶことになって、ここから先、軍の暴走をだれも止めることができなくなっていったのです。

●ドイツでおきたこと

世界が内向きになったとき、ヨーロッパでそれを好機と捉えたのはドイツのアドルフ・ヒトラーです。この人が、泡沫《ほうまつ》政治家から一国の独裁者にのぼりつめるまでに要したのはたったの十年でした。一九二四年（大正十三）から一九三三年（昭和八）の十年ですが、とりわけヒトラー率いるナチス党が権勢を伸ばすのは、一九二九年（昭和四）にはじまる大恐慌以降。つまり世界が内向きになってからのことです。

一九二九年以降、アメリカ、ヨーロッパの主要国は失業と飢餓に襲われることになる。都市の目抜き通りは、職を失い食糧配給の列にならぶ老若男女であふれ、殺伐《さつばつ》たるありさまでした。ほかでもない、そこで総選挙のキャンペーンでヒトラーが強く訴えたのは、国民に仕事とパンを与えるということでした。不況と社会不安がヒトラーを権力の座に押し上げたのは間違いありません。

ここでは、ヒトラーが自らの権力をたしかなものにし、独裁者になるまでの最終局面にだけ焦点を当てて見ていきます。

一九三二年（昭和七）七月の総選挙で第一党となったナチスのヒトラーは、さらに党勢拡大をはかり十一月にも総選挙をおこないます。結果は、かろうじて第一党を維持したものの、ここで議席を減らしてしまう。このときナチスにかわって躍進したのがドイツ共産党でした。

これに危機感を抱いたのが、ドイツの右派勢力なのです。ロシアにつづいて革命など起こされてはかなわない。共産勢力に対抗するため、ナチスを受け入れヒトラーを押し出すと、経済界がもろ手を上げてこれに呼応。銀行家や企業家は「ヒトラーを首相に」とヒンデンブルク大統領に請願《せいがん》しています。

翌一九三三年（昭和八）一月、ついに首相に任命されたヒトラー。かれが悲願としたのが、「全権委任法《ぜんけんいにんほう》」の成立でした。この法律は憲法改正を必要としていましたので、そう易々《やすやす》とはいきません。ナチスは第一党の議席を得ていましたが、憲法改正に必要な三分の二議席には届かない。そこでまたまた議会を解散して総選挙に打って出ることにしたのです。

一九三三年二月二十七日。総選挙投票日の七日前というタイミングで、国会議事堂が放火されて焼け落ちた。首相ヒトラーは、この犯行を共産主義者によるテロだと断定しました。間髪《かんはつ》おかず翌日に、閣議決定を経て発効されたのが「大統領緊急令《だいとうりょうきんきゅうれい》」です。正確には、「ドイツ民族に対する裏切りと反逆的陰謀を取り締まるための大統領令」。ヒトラーは、ワイマール憲法にある「非常時には大統領が国民の基本権を無効にできる」という規定を巧みに利用した。この法律に署名するようヒンデンブルク大統領に強く迫って署名させることに成功したのです。

ヒンデンブルク大統領はこのとき八十五歳。ドイツ陸軍の英雄といわれた元帥でした。国会議事堂が放火で焼け落ちたという重大事件を前にして老いた大統領は、はるか格下の、伍長《ごちょう》でしかなかったヒトラーの指示に従うよりほかなかったのです。

では、閣議だけで決定した「大統領緊急令」によってなにが起きたか。

まず集会、新聞発行、表現の自由が制約された。官憲による通信の検閲《けんえつ》がはじまり、家宅捜索、財産制限および没収が可能になった。つまり憲法で保障されていた人びとの権利が一瞬にして奪い取られたのです。選挙期間中、ヒトラー内閣はナチス突撃隊や親衛隊を補助警官として動員し、「大統領緊急令」の威力を十分に活用して合法的な暴力を駆使します。共産党本部の襲撃をはじめ、労働組合や農民組織にも襲いかかり、徹底的にナチスへの反対勢力を押さえ込みました。

そうして迎えた三月五日の総選挙、ここまでしてもナチ党は過半数をとれません。総議席数六四七のうち二八八議席（得票率四三・九パーセント）に止《とど》まりました。いっぽう解散前、ドイツ共産党は一〇〇議席、社会民主党は一二一議席をもっていた。強烈な逆風のなか、共産党はそれでも八一議席を確保し、社会民主党は一二〇議席を維持したことにはちょっと驚かされます。

そこでただちにヒトラーがやったのが、「大統領緊急令」にもとづく共産党の非合法化でした。議席を抹消したので、母数としての総議席数が減る。それでナチスは過半数を占めることになったのです。迅速であり狡猾《こうかつ》でした。さらにドイツ国家人民党を抱き込み、その他の中道政党の賛成も取りつけて、三分の二の票を確保した上で、ついに「全権委任法」を成立させたのです。つまりこの法律の成立は、先の閣議決定による大統領令があればこそ。全権委任法は、「政府のつくる法律は憲法に違反できる」という条文を含めてたったの五カ条です。ヒトラーは、これ以降、何でもかんでもやれることになる。

『ヴェニスに死す』で有名な、ドイツ人の文豪トーマス・マン。かれはナチスが台頭《たいとう》すると必死で反ナチズムの立場で論陣を張っていましたが、その抵抗もむなしく亡命《ぼうめい》します。スイスに講演旅行中に起きた国会議事堂放火事件の知らせをうけると、もうドイツにはもどりませんでした。ヒトラーが政権を握ったあとともなると、もはや言論人になすすべはありませんでした。

「(憲法改正は)『静かにやろうや』と。ある日気づいたら、ワイマール憲法はナチス憲法に変わっていた。だれも気づかないで変わった。あの手口に学んだらどうかね」

自民党の麻生太郎大臣がこの迷言を吐いたのは、平成二十五年(二〇一三)七月のことです。麻生大臣が「ナチス憲法」などと、ありもしないものを口にしたものだから、このときマスコミはかれの歴史の無知をからかっただけですましてしまった。迂闊《うかつ》でした。もうこのころから安倍晋三首相ら権力者グループは、いかに憲法を骨抜きにするか、検討をかさねていたのでしょう。その密議のなかで、ナチスのこうした水際立った手法が話題になっていたのだと思います。それを聞きかじった麻生大臣が、よく理解できぬままポロッとしゃべってしまったという一段。まさにヒトラーのナチスは、ここまでを合法的に、あっという間に、そして静かにやったのでした。

●権力掌握後のヒトラー

権力を掌握すると、ヒトラーは国民に約束していた「仕事とパン」を与えなければいけません。さっそく大型公共事業計画を実施に移します。いわゆるアウトバーン建設です。総延長七千キロの、その名も「帝国アウトバーン」。この高速道路建設は約十万人の雇用を創出し、国の経済を建て直す起爆剤になったと言われています。

ヒトラーは軍備の再構築にものり出します。第一次世界大戦で敗戦したドイツはベルサイユ条約によって軍備や兵隊の数も制限されていましたから、兵役義務を導入して陸軍を増強すること、そして海軍の保有艦の制限から解かれることはヒトラーの宿願でした。

首相就任直後の一九三三年二月三日、まずは高らかに再軍備を宣言します。アメリカ、イギリス、フランスをはじめとする国際社会がヒトラーに警戒心を向けはじめた五月十七日の国会演説に注目したい。このあと国会で何度も繰り返すことになる、最初の「平和演説」です。「ドイツは平和を必要とし、平和を欲している」と強調し、攻撃的兵器の廃棄、不可侵《ふかしん》条約の締結、隣国との友好など、耳触りのいい美辞をちりばめた。問題はそのあとです。「ただし、軍備の平等が認められなければ、ドイツはジュネーブ軍縮会議と国際連盟から脱退する」

軍備の平等が達成されないと、ヨーロッパの平和は成立しないと主張したのです。ドイツの民草が喝采《かっさい》したのは当然ですが、この演説に諸外国がヒトラーその人を平和主義者として受け取ったというから驚きです。

その後、軍備平等が期待できないとして、ヒトラーは警告どおり軍縮条約破棄と国際連盟脱退を宣言しました。十月十四日のことです。すでにこのとき日本は連盟を脱退していますから、日本につづいてドイツも国際的な孤立の道を選択したのでした。

ついでながらもうひとつだけ付け加えておきます。

独裁者が、力の行使に必要な警察や軍を掌握すると、必ずと言っていいほど実行することはなにか。それは粛清なんです。どうやら、かれらは邪魔者を消さずにいられなくなるらしい。一九三四年（昭和九）になるとヒトラーの粛清は反体制派のみならず、ナチスの政権掌握に尽力した準軍事組織、「突撃隊」にも及んでいる。

『ブラッドランド――ヒトラーとスターリン 大虐殺の真実』を著したティモシー・スナイダーは、つづく一九三六年（昭和十一）から三七年（昭和十二）にかけてのナチスの粛清対象について同書のなかでこう述べています。

「たいていは個人を何らかの具体的な罪に問うのではなく、政治的に分類された社会集団の成員を、そうしたグループに属しているからという理由で処罰した。ナチスにとってもっとも重要なカテゴリーは、自分たちの世界観に抵抗を示していると思われる（そして現に抵抗している）『反社会的な』集団だった」

こうした処罰に「共謀罪」が適用されたかどうか、それは知りませんがね。

さて、一九三四年八月に高齢のヒンデンブルク大統領が死去すると、その月のうちに国民投票がおこなわれることになりました。賛否を問われたのは、「大統領の権能を首相に一元化すること」。このときドイツ国民は、約九〇パーセントの賛成票を投じています。呆《あき》れるほどの圧倒的多数です。民主政治は、ときにやすやすと、独裁に転換するということをよく覚えておいていただきたい。

●なぜ暴走を許したか

では、ナチスの台頭を、国際社会はどう見ていたのか。

ヒトラーの自叙伝、『わが闘争』が発売されたのは、ナチス草創期の一九二五年（大正十四）のことです。当初はさっぱり売れなかったのですが、この本はナチスの台頭と歩調を合わせるように部数を伸ばし、ドイツ語だけでも数十版を重ね、昭和十四年（一九三九）までに十一カ国語に翻訳されて、売り上げ部数は五百二十万部にのぼったそうです。世紀の大ベストセラーです。

同書のなかでヒトラーは、ドイツの支配だけでなく、フランス、ソビエトを敵視し、東欧諸国に領土を拡大することを明言しています。そのために武力を拡充させるとも述べている。ユダヤ人の排除を目論《もくろ》んでいることも隠さず詳《つまび》らかにしています。それだけでなく、政略、戦略、権謀術数あるいは民衆操縦法までが、はっきり語られていました。

国際社会はつまり、かれの野望も手の内もあらかじめわかっていたのです。ドイツの軍備増強も目《ま》の当たりにしていた。にもかかわらず自国第一主義に陥っていたアメリカをはじめ各国は、世界を引っ搔《か》き乱すドイツに対して結束して当たる力を弱めていました。国際社会はナチスと対抗できる力を持ち合わせず、その結果傍観を余儀なくされ、ナチスドイツの暴走を許すこととなった。

余計なことをひと言。わたくしがその昔、『わが闘争』を読んでウームと唸《うな》らされて抜き書きしておいた一節があります。それを紹介しておきます。

「指導者たることは、すなわち大衆を動かし得るということだ。有効なプロパガンダとは、少数のステロ的な文句でいいから、たえず反響して大衆の脳裏に深く刻みこまねばならぬ」

内容なんか二の次。肝腎なのはその文句が壮大で光り輝いて見えること。それこそが大事なのだと。「Make America Great Again!」の大言壮語のくり返しなど、まさにそれです。ついでにもうひと言。ヒトラーの評伝を書いた同時代人、歴史学者ルイス・スナイダーが『わが闘争』を評していわく。

「版を重ねるに従って綴《つづ》りの誤りこそ訂正されたが、文章は幼稚な言い回しや歴史上の誤りや見えすいた嘘《うそ》がいたるところにあって、依然としてみられたものではなかった。（中略）『わが闘争』の主題はこれである。［だれもかれも沈黙しろ。正しいのはおれだけだ。おれの言うことをよっく聞け］」

よく似たタイプの男が、いまホワイトハウスの執務室にいます。何だ、歴史はくり返すじゃないか、と思う人も多くいるでしょう。そうなんです、歴史は単純にはくり返さないが、しかし……。と、やっぱり思わざるをえませんねえ。以上、長々と一九三〇年代のおさらい、それも昭和史だけにかぎることなく、世界史的な、視野をぐんと広げて激しく移り変わる世界情勢のなかの昭和史をみなおしてみました。そのことで世界的に右派が台頭しつつあるいまの情況と、まことによく似ているように思われてならないのです。が、それを強調しすぎることは正しくはありません。大事なのは類似と差異にバランスよく目配りすることです。それが歴史を正しく学ぶということなのです。そのことに一言だけ注意をいって、ひとまず第五話を終わりにしようと思います。

おわりに

「歴史に学ぶ」ということ

(一) いっそ・どうせ・せめて

●〝最後の一兵まで〟の心情

八月は遠い敗戦を思う月である、とは亡き作家・大岡昇平《おおおかしょうへい》氏の言葉です。六日のヒロシマ、九日のナガサキ、そして満洲、十五日の天皇放送と、あの惨《みじ》めであった日々をわたくしは思い起こさずにはいられない。若い人たちに「じいさん、そんなむかし話、いい加減にしなよ」といわれても、この三つの歴史的日付は死ぬまで消し去るわけにはいきません。

ですから、

「戦陣《せんじん》ニ死シ職域ニ殉《じゅん》ジ非命《ひめい》ニ斃《たお》レタル者及其《およびそ》ノ遺族ニ想《おもい》ヲ致《いた》セバ、五内《ごだい》為《ため》ニ裂《さ》ク」

わたくしは毎年八月がくると、終戦の詔書《しょうしょ》のなかのこの文言をぶつぶつと経文のようにとなえて起きるのを、毎朝のしきたりにしているのです。

そんな老骨ですから、戦争なんか知らないよ、という人間のふえているこのごろの日本には、少なからずがっかりしています。でも、がっかりしているだけじゃすまされません。文明が生じたとき、人類はお互いに殺し合って土地を奪い財宝を奪うこと、つまり戦争をはじめたのであって、この根本条件を「知らないよ」とすますことに賛成はできない。人間はいま自分のおかれている社会条件を知ろうとする意志を失ったとき、もっとも権力者の煽動《せんどう》に乗りやすい。知らなくとも想像することはできるじゃないか、とそう答えることにしているのですが。

それゆえに、くどいようですが、もういっぺん昭和二十年（一九四五）夏、大日本帝国が瀕死《ひんし》の淵《ふち》にあえいでいたときの話をすることにします。あのとき、国力はもう底をついていました。破壊とおびただしい流血と頽廃《たいはい》のなかで、冷静にこれをみつめ、真剣に現状を考えれば、だれの眼にも戦争がこれ以上つづけられないことは事実として認めねばならなかった。それなのに日本陸軍は本土《ほんど》決戦《けっせん》による最後の勝利をと声をふるわせ絶叫しており、国民もまた勝利を疑おうとはしていなかった。なぜ？　の問いはいまでもあります。

しかし、歴史にこまかく分け入ってみると、このとき、さすがに本土決戦の作戦を練《ね》っていた陸軍の中央部の頭のいい参謀たちも「勝利」なんかてんで考えていなかったことは明らか。追いつめられた軍人の心情が、軍隊というものが自然に想《おも》い描く力の信奉《しんぽう》が、彼らに大《たい》言壮語《げんそうご》をさせていたにすぎなかったことがわかります。彼らは狂気ともいえる自分たちの心情に追い立てられていた。いや、あの時代の日本国民の全体が、大和魂《やまとだましい》をもち、必勝の信念という血走った国民感情に追いまわされていました。勝つと信じているものが一人もいなかった。にもかかわらず、ただ絶望的な〝最後の一兵まで〟との熱情に燃えたぎり、破局に向かって押しまくり押されていくよりほかはなかったのです。

どうせ亡《ほろ》びるならば、いっそ民族の最後の一人まで戦いに戦って、世界の歴史にその光輝《こうき》ある一ページを書き残しておこう。世界に冠《かん》たる大和民族には降伏はなし。その事実を示していさぎよく散ろう、とそう考えていました。そうであるゆえに、最後の戦いだけは華々しく戦いたいものである。いや、戦わねばならない。それがいつわりのない昭和二十年夏の日本人の心情というものでした。

●皮肉な二十日間

じつは、こんな風に偉そうに書くわたくしの論の裏にあるものをタネ明かししますと、大学の先輩の板坂元《いたさかげん》教授の卓説があるのです。いまは亡き人ですが、当時はアメリカのハーバード大学で日本文学・日本語を講じていた学者で、その先輩が銀座裏のとある飲み屋で盃《さかずき》を傾《かたむ》けながら、こんな話をしてくれたのです。

「日本語には、外国語に直訳できない言葉がむやみに多くあるんだよ。〝いっそ小田急で逃げましょか〟のいっそ、〝どうせ二人はこの世では花の咲かない枯れすすき〟のどうせ、それから、せめて、という言葉。〝カチューシャ可愛《かわ》いや別れのつらさ、せめて淡雪とけぬ間に〟のせめて。これらをどんなに苦心して説明してみても、外国人に論理的にわからせるのは困難なことなんでね」

教授はこのあとそれこそ綿々《めんめん》と、これらの言葉の底にある日本人独特の心理や心情や論理の流れを説明してくれたのですけれども、すべて略《りゃく》とします。非常に印象深く残ったところだけを書くことにしますと、

「人はたえず挫折と妥協と我慢の日常をすごしている。どうせとか、いっそとか、覚悟しつつもなかなかいっぺんに思いきれない。そこに、せめての心情が大きく浮かびあがってくるというわけでね」

これには心から同感しました。せめて一言、せめて一目でも、せめて一杯だけは、せめて子供だけは、せめて二人でいるときは、エトセトラ。なんとわたくしたちのまわりには多くのせめてがあることか。

浪花節《なにわぶし》的な感傷《かんしょう》と、あっさりきめつけることはできますが、つきつめていえば、戦争末期の日本人はまた然《しか》りの心情であったのです。日々、せめてもの想いのみで生きていたといっていい。この戦争にはもう勝利はない、日本中が焼野原だけになるのはわかっていました。であるからこそ、せめて一矢《いっし》報《むく》いて、そのはかない望みにすがりついて頑張って絶望的な戦いを戦いつづけていたのです。

連合国軍は、しかし、日本人のどうせの論理も、いっその決意にも本質的に理解がなかった。理解してほしいなんて所詮《しょせん》は無理な話なんです。そこでこの戦争に話し合いによる講和はない、すべてのものを投げだしての無条件降伏あるのみと、無情にも日本に強硬政策を押しつけてきていました。いわゆる七月二十六日のポツダム宣言です。戦う力を失っている大日本帝国は、このとき万事を諦《あきら》めてただちに受諾すべきであったのですが、なお正式受諾までに二十日近くを要したことを、史実は皮肉にも物語っています。

降伏することは避けられない。結果として、おそらく歴史はじまっていらい最大の苦難が見舞うであろう。だれにも前途に確信はありません。暗い暗い未来を覚悟しなければならない秋《とき》がくる、と、政府も軍部も考えた。しかし、どうせ降伏しなければならないなら、無条件ではなく、せめて国体《こくたい》の護持《ごじ》という条件だけはつけようではないか。国民もまた、そうと知らされればそう思ったに違いありません。

いまにして考えれば、およそ馬鹿げたことでしかありません。あれほどまでに凄惨苛酷《せいさんかこく》な殺し合いをくり返しておきながら、自分に都合のいいことを敵に期待するのは勝手すぎる。つまりは引《ひ》かれものの小唄《こうた》にすぎませんでしたが、あの時代の日本人にとっては、感傷的価値とでもいうべきものを、せめて護《まも》りぬこうという必死の努力であったのです。哀《かな》しき日本人のつきつめた心情であったのです。いまでも、国際政治の場における共通の言葉は近代西欧の観念にもとづいています。義理人情とか、どうせとかいっそとか、せめてもの想いとか、日本的心性をもちこんでもなかなか通用しない。まして殺し合いの戦時下においてをや、なのです。

日本の、このせめての心情と論理をめぐっての議論のあいだに、アメリカは広島・長崎に原爆を落とし、満洲《まんしゅう》の曠野《こうや》にはソ連軍が怒濤《どとう》のように侵攻してきた。八月十四日夜おそく、万策《ばんさく》つきて大日本帝国は降伏します。結局はせめてなんかまったく無視されて、無条件でありました。しかも、そこにたどりつくまで剣《つるぎ》の刃《は》渡《わた》りのような危機を乗り超えてであったことは、本書の第二話の鈴木《すずき》貫太郎《かんたろう》さんの項でくわしく書きました。

いまもまだ、この日本的心性から解放されてはいないのでしょうね。

(二)「米百俵」の学舎

●雪の下の焦土にあって

歴史はじまっていらいの国家敗亡《はいぼう》に関連した話をもう一つ——。

昭和二十年の冬、前年も豪雪《ごうせつ》でしたが、それにも敗《ま》けないくらいドカッと北国には雪が降りました。東京の家を空襲《くうしゅう》で焼けだされ、疎開《そかい》してきた新潟県長岡《ながおか》市近辺の野は、二メートル余の雪の下に埋まったのです。戦争に負けた結果の窮乏《きゅうぼう》と、食うものがない空腹とが重なって、ほかに行き場もないし、こりゃ忍《しの》び難《がた》きを忍び、堪え難きを堪える以外にテはないや、とすっかり観念しました。わたくしにとっては初めての雪国生活です。でも、やがて春はめぐって来るであろう。少なくともかつての大日本帝国よりは、小なりといえどもよき国ができるに違いない。そう思えば、ないないづくしの毎日もさして苦にもなりませんでした。その上に、そんな状況下で聞かされた戊辰《ぼしん》戦争後の長岡藩でのすばらしくいい話が、わが胸奥に強烈に響いて、生きる元気を与えてくれたのです。

第二話の勝海舟の項で書いたように、幕末にわが長岡藩は賊軍《ぞくぐん》として薩長軍《さっちょうぐん》と戦い、一敗《いっぱい》地《ち》に塗《まみ》れます。慶応四年すなわち明治元年（一八六八）のその年の冬も、積雪はまれにみるほど多かったといいます。二メートルを越す雪に埋もれ、掘っ立て小屋で吹雪《ふぶき》に吹きさらされるまま敗残の長岡人の生活は、深刻をきわめます。兵火で焼野原となった痛手《いたで》に加えて、従前《じゆうぜん》の実収入の五分の一にも満たず、そのうちの十分の一は藩主家の内政費として使用し、最低限の公用費を差《さ》っ引《ぴ》くと、八千二百人の生き残った旧藩家族に給《きゆう》する米は一人一俵《ぴよう》にも足りませんでした。

働き手の若ものたちは、三百九名の戦死者と三百名余の重傷《じゆうしよう》者をだし、ほとんどいないにひとしかった。食うや食わず、長岡人の生活の基礎は根底からくつがえされています。策の施しようのないことは、辛《かろ》うじて少し力を残して敗けた昭和日本以上であったのです。敗戦国の悲惨は骨身《ほねみ》にしみました。こうした長岡藩の窮状《きゆうじよう》を知った支藩の三根《みね》山《やま》藩から、米百俵が送られてくるという話がうまくまとまったのは、明治三年の春のこと。そして事実、五月には米百俵が長岡にとどけられてきました。

敗戦のその日から、いまだに食うや食わず、日に一度か二度の粥《かゆ》でやっと生きつないでいる長岡人は、このとき、ほんとうに久しぶりに天に向かって感謝の祈りを捧《ささ》げたといいます。これで少しは息がつける。百俵の米をどう分配してくれるのか。頭数で等分か、軒別《のきべつ》か、それとも禄高《ろくだか》によって分けるのか。旧藩士たちは寄るとさわると米百俵について語り合い、一《いち》日千秋《じっせんしゅう》の思いで待ちつづけました。

しかし、待てど暮らせど米の分配はなかったのです。

「いったい大参事《だいさんじ》は何を考えているのか」という不満と憤慨《ふんがい》と熱望とがいっぺんに高まったとき、「この米をすべて売ってそれを資金に立派な学校を建てるときまった。大参事小林虎《こばやしとら》三郎《さぶろう》どのの発案だ」という思ってもいなかった話が伝わってきました。すきっ腹の藩士たちは顔色を変えた。大参事は気でもふれたのか、とだれもが思い、なかには刀を手に小林虎三郎の家へ押しかけた血気の若ものたちがいました。

●小林虎三郎の思い

この話のすばらしいのはこのあとなのです。血気の若ものたちの刀にかこまれて、このとき虎三郎は、「斬るのは一向《いっこう》に構《かま》わぬが、しかし話だけは聞け」と少しも動じませんでした。そして怒り心頭《しんとう》の面々を前に静かに語りかけます。

「百俵百俵というて騒ぐが、この百俵を藩士全員で分けたらどうなると思うか。よく考えてみるといい。家の戸数は千七百、家族全員では八千二百人にのぼる。なれば、一人当たり四合か五合しかない。それで食いつなげるのはたかだか二日、あるいは三日であろう。それであとに何が残るのだ。おのおのはそれでも長岡武士か。長岡武士ならたとえ飢え死にするとも、そんな浅はかな、その日暮らしのことを言わぬはずではないか」

虎三郎の落ち着いた声が若ものたちの肺腑《はいふ》にまで達していく。

「わたくしはこの米百俵をもとにして学校を建てたい。これで人物を養成する。子供たちを立派な人間に仕立てあげるのだ。まだるっこしいようであるが、これが戦後の長岡を建て直す、いちばん確かな、唯一の道だと思う。これなくして焼野原から長岡を生き返らせる道はない。そりゃ、みんな辛《つら》いであろう。苦しいであろう。情けないであろう。しかし辛抱《しんぼう》してくれ。その日暮らしの精神では長岡を立ち直らせることはできぬ。われわれがいまこの苦しみを引き受けなかったならば、つぎの時代の人びとがまた同じ苦しみを味わわねばならない。辛苦はわれわれ一代だけで十分ではないか。同じ苦しみを孫《まご》や子にさせるようなことがあっては、なんのための国家敗亡《はいぼう》の悲惨を味わったのかわからない。これを教訓に明日の長岡を考えよう。明日の日本を考えようではないか。そのためにも、まず人材育成だ。それが大事とは思わないか」

藩士たちには不満はあったでしょうが、長岡の明日のために納得し、米百俵は売却され、その代金が学校建設のためにそそぎこまれました。その学校が、わたくしが学んでいた長岡中学校というわけなのです。長岡の人づくりはこうしてはじまりました。〝敗者の戦後〟のなんと見事《みごと》な処《しょ》し方ではありませんか。敗戦国のもつ暗さのなかに明るい一条《ひとすじ》の陽が射しこんだようです。人物こそが明日の長岡をつくると、なんとすばらしい、力強い言葉であることか。

わたくしはこの米百俵の故事《こじ》を聞かされたとき、ふたたび転校して東京の中学へ戻ることをやめ、長岡中学の卒業生となることにきめました。なにか爽快な精神の風がこの地に起こり、焦土《しょうど》の上を吹いている感じがしてなりませんでした。

(三) 戦後七十年余の日本

●ヴァイツゼッカーの言葉

どうでしょうか。こういういい話はこれだけで終わりにしたほうがいいのです。それにくらべると昭和の敗戦日本は、などという余計なことをいうのは、それこそ江戸ッ子のいう〝野暮《やぼ》の骨頂《こっちょう》〟というものです。

でも、せっかくの機会ですから、野暮を承知でまことに余計なことをもう一言、と勝手にきめました。まずは、多くの人によってしばしば引用されるほど有名な、ドイツの政治家ヴアイツゼッカーが一九八五年（昭和六十）五月八日にした演説を、わたくしも長く引くことにします。

「問題は過去を克服することではありません。さようなことができるわけはありません。後になって過去を変えたり、起こらなかったことにするわけにはまいりません。しかし過去に目を閉ざす者は結局のところ現在にも盲目となります。非人間的な行為を心に刻《きざ》もうとしない者は、またそうした危険に陥《おちい》りやすいのです」（『新版　荒れ野の40年』岩波ブックレット／永井清彦訳）

このなかの〝過去に目を閉ざす者は現在にも盲目になる〟という言葉がよく引用されるのですが、歴史探偵のわたくしも同感です。とくに一九三〇年代、四〇年代の昭和史は教訓にみちています。大いに学ばなければならない。しかも歴史は専門家の独占物ではありませんから、あの時代について語り合い、明日の日本のために役立たせねばならないと思うのです。だれの言った名言であったか忘れましたが、「愚者《ぐしゃ》は経験に学び、賢者《けんじゃ》は歴史に学ぶ」といいます。人間の経験などタカが知れています。その意味からも、同じ過ちを避けるために、歴史を楽しんで大いに学ばねばなりません。

それにしても、戦後七十年を越えたいまになって、ちょっと残念でならないのは、八割近い人びとが過ぐる戦争の真実を知らないことなのです。たとえば、敗戦後まもなく、すでにふれた日本のボートの記年碑「漕」の建つ桜で名高い隅田公園に、三月十日の大空襲で亡くなった人びとの慰霊碑《いれいひ》を建立《こんりゅう》する計画のあったことを知る人はほとんどいません。死者はじつに十万人余。しかし、東京都が許可をしなかった。理由は当時は不明瞭でしたが、慰霊碑はアメリカへの憎悪を残すことになる、日本国民に早く戦争を忘れさせたいゆえ、という連合国軍総司令部（GHQ）の命令によることがいまは明らかになっています。

おそらく空襲で焦土となった日本各地の中小都市でも同じことがあったのではないでしょうか。

こうした戦後日本を蔽《おお》った空気がその後ずっと歴史を知らない数世代を生みだし、あれからすでに七十余年が経《た》ったのです。歴史から何を学ぶかについて、いくら声を大にしてもなかなかとどかないのかもしれません。

けれども、歴史としての戦争は忘れられてきたかもしれませんが、亡国《ぼうこく》に導《みちび》いた戦争の悲惨さと非人間的な残酷さ、もう二度としてはならないという思いと願いは、ずっと保持され伝えられてきました。その思いが国家再建の機軸となり、廃墟《はいきょ》から再生、復興、そして繁栄への道を長く支えてきたことは確かなのです。結果として、平和な国でありたいという強い願いが、戦場で一人も殺さず、殺されていない世界でも稀《まれ》な国をつくりあげてきたのです。

●天皇の「新年に当たり」

そして昭和史の前半が戦争につぐ戦争の歴史とすれば、「平和国家」としての歩みが世界第二位といわれた国をつくりあげたその後半は、経済発展の時代といえます。

ところが、それも昭和の年号が平成となったとたん、いっぺんに変容をとげます。一月に昭和天皇が崩御した一九八九年は、思えば不思議なくらいに、世界が大転換した年となった。二月にはソ連軍がアフガニスタンでの敗北と撤退、六月の中国の天安門《てんあんもん》事件、十一月のベルリンの壁の崩壊、さらに十一月から十二月の東欧諸国の無血民主革命、ルーマニアの独裁政権崩壊。そのときに、なんと、日本経済は日経平均株価三万八千九百十五円という史上最高値を記録して、わが世の春を謳歌《おうか》していたのです。

しかも、二年後のソ連崩壊、冷戦終結とともに、この日本繁栄のバブルはアレヨという間に吹き飛んでいた。浮かれていた日本は世界秩序の大変貌に気づくのが遅すぎたのです。

戦後七十年余とはそうした波爛《はらん》の歴史でありました。そこにも教訓は山ほどもあるでしょうが、だれも学ぼうとはしなかった。いや、いまもしない。大事なことは、「過去」というものはそれで終わったものではなく、その「過去」はじつはわたくしたちが向き合っている現在、そして明日の問題につながっているということ。なのに、何となく思考を停止し、単純で力強い言葉に愚かにもすがりつく、という風潮《ふうちょう》にいまの日本はあります。その上に、平和が長くつづいたために、事実として、日本人は戦争をきちんと清算《せいさん》していないとのイメージを諸外国にもたれているマイナスを忘れてしまっているのです。

平成二十七年の戦後七十年を迎えたとき、いまの天皇陛下が「新年に当たり」という所感を発表され、各新聞がそれを伝えました。

「この機会に、満洲事変に始まるこの戦争の歴史を十分に学び、今後の日本のあり方を考えていくことが、今、極めて大切なことだと思っています」（抜粋）

これを読んで、すぐ思ったことは、結局は人間は歴史から何も学べないのではないか、という思いでした。戦後七十年とは、かつての「軍国主義」から離れて、日本人が「日本人」たらんとして、平和で穏やかな社会をつくろうと懸命に努力してきた長い歴史であった。そう考えれば、天皇の願いはよくわかります。それなのに、いまのわたくしの周《まわ》りには、自己を正当化し、歴史を公正に学ぶことを「自虐史観」と排する人が少なくない。ただ、何たることかと、八十七歳の老骨のわたくしは溜《た》め息をつくばかりなのです。

図版協力
49・133・160・211頁写真
国立国会図書館デジタルライブラリー
「近代日本人の肖像」

ちくまプリマー新書282
歴史《れきし》に「何《なに》を」学《まな》ぶのか

二〇一七年八月十日　初版第一刷発行

著者　半藤一利（はんどう・かずとし）

装幀　クラフト・エヴィング商會
発行者　山野浩一
発行所　株式会社筑摩書房
東京都台東区蔵前二－五－三　〒一一一－八七五五
振替〇〇一六〇－八－四一二三
印刷・製本　株式会社精興社

ISBN978-4-480-68987-0 C0220 Printed in Japan

乱丁・落丁本の場合は、左記宛にご送付ください。
送料小社負担でお取り替えいたします。
ご注文・お問い合わせも左記へお願いします。
〒三三一－八五〇七　さいたま市北区櫛引町二－六〇四
筑摩書房サービスセンター　電話〇四八－六五一－〇〇五三